U0556905

主　编　厉　声

副主编　李　方（常务）　李国强

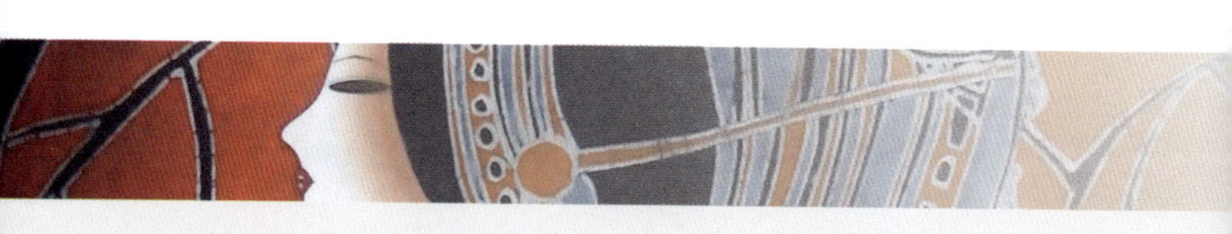

中国社会科学院中国边疆史地研究中心 **厉声 主编**

当代中国边疆·民族地区典型百村调查：**云南卷（第一辑）**

分卷主编：**方 铁 翟国强**

安邦村全景（2008年8月30日 杨增辉摄）

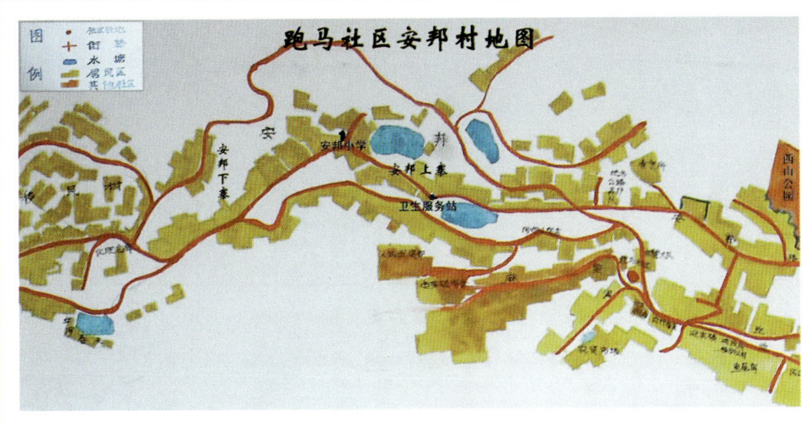

跑马社区安邦村平面图

安邦村上寨的池塘（2006年3月29日　杨增辉摄）

安邦村卫生服务站（安邦办事处）（2009年1月20日　王谦摄）

安邦村安乐寺（2009年1月22日 王谦摄）

安邦村侨心小学（安邦小学）（2009年1月22日 王谦摄）

跑马路社区居委会（2009年1月19日 黄明生摄 ）

安邦村华人华侨及其眷属的雕院建筑
（2009年1月22日 王谦摄）

侨村安邦的郭家大院

侨村安邦传统的四合院（2009年1月19日 黄明生摄）

侨村安邦的李家大院雕花大门（杨增辉摄）

安邦村民购买蔬菜的集市一角（2009年1月20日 王谦摄）

卖烤米糕小吃的彝族濮拉支系老奶奶（2009年1月20日　王谦摄）

安邦村村民活动的中心区（杨增辉摄）

社区工作人员到安邦村宣传法制知识（跑马路社区提供）

中国社会科学院中国边疆史地研究中心　厉声　主编
当代中国边疆·民族地区典型百村调查：云南卷（第一辑）

陆疆侨乡名村

——云南省红河州红河县迤萨镇跑马路社区安邦村调查报告

王谦　何作庆　黄明生◎著

社会科学文献出版社
SOCIAL SCIENCES ACADEMIC PRESS (CHINA)

“当代中国边疆·民族地区典型百村调查”

总 序

深入实际、开展国情调研，是中国社会科学院肩负的重要科研任务，也是中国社会科学院履行好党中央、国务院赋予的“思想库”、“智囊团”职能的重要方式。中国边疆省区占国土面积的60%以上，边疆区情及当地的民族社会调研（边疆调研）是中国国情调研的重要组成部分。正如一位边疆工作者所说：不了解少数民族，就不了解中华民族；不了解边疆，就不了解中国。1983年中国社会科学院中国边疆史地研究中心建立后，特别是1990年以来，一直将边疆调研作为学科研究的重点之一。

2004年，中国边疆史地研究中心承担国家哲学与社会科学基金特别项目“新疆历史与现状综合研究”（简称“新疆项目”）。2006年，中国边疆史地研究中心牵头，立项开展“当代中国边疆·民族地区典型百村调查”（简称“百村调查”），作为此特别项目的子课题。“百村调查”以新疆为重点，在全国新疆、西藏、内蒙、宁夏、广西五个民族自治区和云南、吉林、黑龙江三省基层地区同时开展，共调查100个边疆基层村落。调查工作在“新疆项目”领导小组和专家委员会指导下，由“百村调

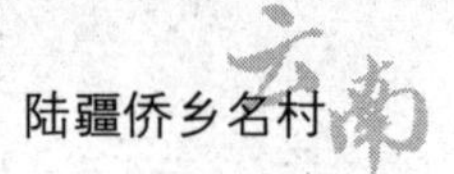

查”专家委员会暨编委会组织实施。在中国边疆史地研究中心主持拟定的调查大纲框架下，发挥每个省区的优势，体现各自的特色。

本项目的实施得到了边疆地区各级地方党政部门的支持。首先，调查工作注意与地方党政部门的相关工作衔接、听取意见，在实施调查之前，主动向各级党政部门汇报情况，听取指示和意见。其次，调查组主动让各级党政部门了解调研的全过程，在调研过程中出现问题时及时向相关党政部门请示。再次，调研阶段成果和最终成果的副本同时提供地方党政部门参考。

“百村调查”的调研主题是：改革开放30年来中国边疆基层村落的民族社会和经济发展的历史与现状。具体内容包括：乡村概况、基层组织、经济发展、社会生活、民族、宗教、文教卫生、民俗风情等。项目调研的时间是：2007~2008年（资料下限至2007年底或适当延长）。

“百村调查”的调研对象为：100个具有典型意义与特色的中国边疆基层村落。课题以基层乡、村两级为调查基点，大致每个省区选择2个地州，每个地州选择1~2个县，每个县选择2个乡，每个乡选择2个村。新疆共调查22个村，其他地区均为13个村（辽宁、吉林、黑龙江以东北边疆为单元，共调查13个村）。调查点的选择要求：

(1) 本地区社会稳定与经济发展中具有典型意义的基层乡和村。

(2) 存在边疆现实政治、社会或经济发展的热点、难点问题。

(3) 与20世纪50年代全国边疆民族调查能有一定的衔接。

“百村调查”采取学术调查与现实政治相结合的方法，以社会人类学入村入户调研方法为主，同时关注现实政治、社会与经济发展中的热点、难点问题：一般共性调查与专题专访调查相结合，在一般综合性调查的基础上，选择好专访或专题调研的“切入点”——总结经验与完善不足相结合，在总结各项工作经验的同时，善于发现问题和提出解决问题的对策与建议。调研注重入户访谈和小范围座谈的专访调查。在一般性问卷和统计资料收集的基础上，注重对基层干部、群众典型、教师、宗教人士等特定人员的专题访谈，倾听和收集他们对基层社会稳定与经济发展的看法、意见和建议，形成能说明问题的专访或专题调研报告。

“百村调查”的成果形式分为调查综合报告与专题报告两大类。

(1) 调查综合报告：依据大纲规定，撰写有关乡村经济社会等发展状况的综合报告，课题结项后分期公开出版。专题报告及调查资料可以公开发表的，在篇幅允许的情况下，作为附录附在综合报告末尾。

(2) 专题报告：内容较敏感、不适宜公开出版的专题报告，集成《专题报告集》，内部刊印。

“百村调查”主编　厉声　谨识

2009年8月25日

目　录
CONTENTS

图目录
FIGURE CONTENTS

表目录
TABLE CONTENTS

序　言
FOREWORD

一

云南地处祖国西南边陲，全省东西横贯 864.9 公里，南北纵跨 990 公里，总面积 38.3 万多平方公里，居全国第八位。境内绝大部分是山地，矿藏丰富，有 25 种矿产资源保有储量居全国前三位。不仅动植物资源呈多样性，而且少数民族文化也是复杂多样的。云南是个多民族的省份，有 52 个少数民族，其中 5000 人以上的世居少数民族有 25 个，是全国边疆少数民族种类最多的省区。云南历史悠久，公元前五六世纪，滇池地区已出现创造了灿烂青铜文化的滇国，两汉时云南正式进入中央王朝的版图。

19 世纪后期，英法殖民者以缅甸、越南为基地，把侵略矛头指向云南。传教士进入云南传教，随后开埠通商和修筑滇越铁路，蒙自、河口、思茅与腾越是最早设立的商埠。英法殖民者大量掠取锡等矿藏资源，云南封闭的状况也逐渐改变。

1950 年云南和平解放。1952 年至 1956 年，中央政府在少数民族地区进行民主改革。在白族、回族、纳西族和壮族聚居的地区，采取政策略宽于汉族地区的土改方式；在处于封建领主制和奴隶制阶段的傣族、藏族、哈尼族、普米族以及一部分纳西族、彝族的地区，采取和平协商土改的方式；在保留原始公社制度残余的傈僳族、景颇族、佤族、布朗族、基诺族、怒族、独龙族以及一部分拉祜族的地区，不进行土改，通过发展生产直接过渡到社会主义社会。土地改革与民主改革完成后，各族农民分到耕地和生产资料，农业生产获得较大发展。

新中国成立60年来，特别是十一届三中全会后，云南在农业、工业、贸易、文教卫生等诸领域都发生了巨大的变化。但目前与内地其他地区相比仍存在一些困难和问题。

据调查，云南边境县市地区有以下特点：一是社会经济发展速度普遍缓慢，总体上与先进地区的差距仍在扩大。二是基础设施与基本建设滞后，严重制约当地社会经济的发展。三是影响社会稳定的问题突出，治理难度很大。四是跨境民族境内外不同部分往来密切，本民族自我统一意识增强，并呈现继续发展的趋势。五是与邻国相比，云南边境县市一些地区获得国家支持的力度不够，与越南等国的优惠政策形成反差。六是地方财政较困难，难以落实国家规定的脱贫项目的配套经费。七是地方教育、卫生保健、文化事业等发展水平偏低。

因此，云南边境县市地区目前的状况，与建设和谐边疆的目标很不适应。最近中国与东盟10国共同签署中国—东盟自贸区《投资协议》。双方已成功完成自贸区协议的主要谈判，自贸区将如期在2010年全面建成。中国—东盟自贸区合作的高速进展，对云南边境县市地区以及当地少数民族的稳定与发展提出了更高要求。

在这一背景下，对国情、区情作进一步了解，以制定相应的政策、措施，显得十分必要。

中国社会科学院中国边疆史地研究中心主持的国家社科基金特别项目“当代中国边疆·民族地区典型百村调查”（简称“百村调查”），是一项涉及广西、云南、西藏、新疆、内蒙古、宁夏、吉林、黑龙江等8省区100个村寨的大型调研项目。云南省作为中国边疆少数民族种类最多的省，在本次调查中共选点13个，主要集中在云南沿边一线的各民族边疆村寨，个别分布在非边境县市地区。

二

在中国近现代发展史上，对于边疆地区的关注，主要出现在19世纪末20世纪初。一批学者对中国边疆尤其是西南边疆地区进行了调查研究，取得了一定成果。新中国建立后，在相关政府部门、研究机构的推动下，开展了对国内各民族社会历史的调查活动。20世纪五六十年代，根据党中央和国务院的部署，国家有关部门在全国范围内进行了大规模的少数民族社会历史调查，其中也对云南各民族社会历史发展情况进行了全面的调查。该次调查为云南少数民族地区的社会、经济、文化发展起到了重要的推动作用，也为后来的学术研究积累了大量的历史学、民族学、人类学、社会学资料。2003年7月至8月，云南大学组织力量对全国32个少数民族村寨进行了调查，其中包括云南各民族村寨调查。这次调查，也是一次典型的少数民族村寨调查，获得了21世纪初中国各民族典型村寨的珍贵资料，具有重要学术价值。

与历次少数民族社会历史调查不同的是，本次由中国社会科学院中国边疆史地研究中心发起的边疆“百村调查”项目，主要是从边疆学的角度考虑，突出了边疆、村落和现实发展状况三个要点，期望通过深入的田野调查，面向中国边疆农村地区，真实反映现实的中国边疆村寨客观发展状况，为国家宏观把握边疆发展现状，构建和谐、安全、富裕边疆提供参考资料。此次调查虽然并未把少数民族因素作为关键内容予以突出，但由于中国历史上形成的边疆社会人口结构，决定了调查的内容必定要涉及大量的少数民族村寨。因此，云南的调查点与全国其他边疆地区的情况一样，涵盖了大量的少数民族村寨。

云南在本次调查中所选择的13个调查点，是根据总体项目的设计，选择具有代表性的4个地州，在每个地州选1~2个县，每个县选择1~2个乡，每个乡选择1~2个村（农场），最后完成12份村寨调查报告，以及相关的若干份调研咨询报告。通过调研和提交的研究成果，较全面地反映云南省尤其是沿边地区社会与经济发展的状况，以及存在的主要问题，并提出解决问题的基本思路和切实可行的对策建议。

选择什么样的村寨作为调查对象？云南项目组遵循以下原则：第一，尽量顾及民族特点，选择自治州、县的自治民族，即壮族、苗族、彝族、瑶族等；第二，尽量选择不同类型的乡镇、村寨，距离不能太近，避免雷同；第三，所选村寨要尽量大一些，以便进行50户问卷抽样。根据上述原则，我们分别选取以下13个村寨作为调查对象。

红河哈尼族彝族自治州所属河口瑶族自治县桥头乡下湾子村和老汪山村、河口南溪镇芹菜塘村和红河县迤萨镇跑马路社区安邦村；文山壮族苗族自治州所属麻栗坡县猛硐瑶族乡坝子村和丫口寨、麻栗坡县董干镇八里坪村和马崩村；临沧市沧源佤族自治县勐董镇永和社区和白塔社区、沧源佤族自治县勐角乡控角村和翁丁村以及玉溪市元江哈尼族彝族傣族自治县甘庄华侨农场。

这些村寨各具特点，例如下湾子村和老汪山村分别是苗族和布依族的村寨，是多元文化融合的典型。在这里我们可以看到内地汉儒文化与边疆苗族、布依族等少数民族文化的融合，是中华民族文化“和谐”与“多元”的实例见证。红河县迤萨镇跑马路社区安邦村素有“侨乡”之称，该村侨眷占绝大多数，分别与老挝、美国、法国、加拿大、泰国、越南等国有侨眷关系，逐渐成为中国看世界和世界看中国的一个窗口。

除以上所说的13个少数民族聚居村寨以外，3个子课题组还对所调研地州的其他一些地区，选择较突出的一些问题进行了调研，并撰写相应的调研咨询报告。

三

本项目的调查和研究，拟在以下方面有所突破：一是云南边疆地区社会经济发展状况的总体评价；二是云南边疆地区社会经济发展趋势预测；三是云南边疆地区社会经济发展存在的突出问题；四是解决云南边疆地区社会经济发展中存在问题的基本思路；五是解决云南边疆地区社会经济发展中存在问题的对策建议；六是对包括云南在内的中国边疆地区，当前和今后一段时期存在的问题及解决办法的思考；七是对今后在边疆地区进行社会经济可持续发展调研的建议。

研究的方法，主要是采取社会学、人类学的基层调查方法，系统收集和整理相关的资料和数据，尤其重视新资料和经过调查得来的第一手资料，同时结合历史学的分析、演绎和归纳的方法，在此基础上进行全面深入的分析和研究，形成具有较高水平的研究成果。

在调查和研究的过程中，以云南大学西南边疆少数民族研究中心（教育部人文社科重点研究基地）以及云南省的红河学院、文山学院、临沧高等师范专科学校等高校的教师和研究生为基本力量，同时吸收相关地州民族研究所的研究人员和各级政府的有关人员参加。共同协作，博采众长。在调研的过程中，注重依靠各级政府有关部门和乡村两级干部，深入村寨进行调研，实施问卷调查，细心倾听各民族干部和群众的意见，在此基础上形成真实客观、有一定的深度和广度、符合科研规范、有较高学术含量的研究成果。可以说，通过参加者的共同努力，基本上达到了项目所设计的预期目标。

“当代中国边疆·民族地区典型百村调查·云南部分”项目，由以下人员分别担任项目组及子课题组的负责人。

课题主持人：方铁（云南大学西南边疆少数民族研究中心教授，该中心原主任）

课题副主持人：翟国强（中国社会科学院中国边疆史地研究中心副研究员）

红河哈尼族彝族自治州子课题组

组长：金少萍（云南大学西南边疆少数民族研究中心教授）

副组长：何作庆（云南省红河学院教授）

文山壮族苗族自治州子课题组

组长：杨永福（云南省文山学院教授）

副组长：杨磊（云南省文山学院教授，副校长）

临沧市子课题组

组长：邹建达（云南师范大学教授）

副组长：杨宝康（云南省临沧高等师范专科学校教授，副校长）

在调查研究的过程中，得到了云南省政府有关部门、红河哈尼族彝族自治州、文山壮族苗族自治州、临沧市、玉溪市及所属县乡各级政府的大力支持和有效帮助，谨此表示衷心的感谢！

最后，本课题能以专著的形式出版发行，应该感谢中国边疆史地研究中心、社会科学文献出版社等单位提供的机会和付出的努力。在审阅本书稿的过程中，中国边疆史地研究中心李方研究员付出了辛勤劳动，一并表示感谢。

主持人（分卷主编）：方铁　翟国强

2009 年 8 月 20 日

第一章　概述

第一节　概况

一　红河县概况

红河县是云南省红河哈尼族彝族自治州下辖的一个县，历史上有“江外”三乡之称，即歌舞之乡、棕榈之乡和侨乡。作为侨乡的红河县至今全县有8100余人侨居世界各国，分布在亚洲的老挝、越南、泰国、缅甸、新加坡、菲律宾、日本，美洲的美国、加拿大，欧洲的英国、法国、瑞士、德国，大洋洲的澳大利亚、新西兰以及非洲的多哥等世界五大洲的16个国家，国内归侨、侨眷8550余人。

红河县因红河而得名，历史悠久。两千多年前，少数民族先民就在境内的土地上生息。唐（南诏）时，有官桂思陀部、铁容部等部落崛起，隶属于南诏通海都督府。宋（大理）时，被列入“三十七部蛮”，属秀山郡。元代，先后隶属于和尼路和元江路，其间曾设落恐万户、溪处副万户，属南路总管府，推行羁縻政策。明朝洪武年间，正式在境内建立世袭土司制度，分别封设亏容甸、思陀甸、落恐甸、溪处甸、瓦渣甸和左能甸六个长官司，均属临安府，为云南边疆诸县土司较多的地区之一。从清代直到民国时期，除迤萨、浪堤等地属元江府（州、县）管辖外，其他均为土司区域，先后隶属临安府和建水、石屏州（县）领辖。1949 年 10 月 1 日中华人民共和国成立后，在中国共产党领导下，红河县于 1951 年 5 月建立县人民政权。从此，各族人民结束被奴役的历史，逐步走上社会主义道路。1957 年前，红河县属蒙自专区和红河哈尼族自治区；1957 年后，属红河哈尼族彝族自治州。今天的红河县下辖 12 乡 1 镇，分别为甲寅乡、宝华乡、洛恩乡、石头寨乡、阿扎河乡、乐育乡、浪堤乡、车古乡、架车乡、垤玛乡、三村乡、大羊街乡和迤萨镇，共 91 个村委会（社区），总人口达 28 万多人，农业人口占 93%。[①]

侨乡红河县同时是一个以哈尼族为主体的边疆少数民族山区农业县。红河县的世居民族有哈尼族、彝族、汉族、傣族、瑶族等，少数民族人口占 94%，特别是哈尼族人口占到全县总人口的 74%，占全国哈尼族人口的 15.5%，是我国哈尼族最集中的县之一。红河县各族人民之间团结互助、友好相处的传统源远流长。明末清初，汉民始从内地的石屏、建水、通海等地陆续迁入，主要从事工业和经商。汉族的迁入，对促进当地经济、文化的发展起了积极的作用。各族人民披荆斩棘，共同开发、建设家乡，在长期的社会交往中结成了良好的关系。建县以后，在党委和政府领导下，新型的社会主义民族关系逐渐形成，各族人民当家做主，民族团结进一步巩固，并不断得到加强和发展。

红河县位于云南省红河哈尼族彝族自治州南部，红河

① 根据红河县年鉴编辑部提供的《2007 年红河县年鉴》资料整理。

上游南岸，位于东经101°49′～102°37′、北纬23°05′～23°27′之间，东西最大距离81公里，南北最宽处40公里，国土面积2057平方公里。县境东面和南面分别与元阳县和绿春县接壤，北面与石屏县隔红河相望，西邻思茅地区墨江县，西北面与玉溪市元江县相连。境内最高海拔2745.8米，最低海拔259米。红河县境内峰峦起伏，沟壑纵横，红河绕县境北缘奔流而过。境内地势大致中部高，南北低，96%的面积为山地，一般海拔在1000～2000米之间，最高的山是东南部的么索鲁玛大山，主峰海拔2745.8米，最低点为东北边缘的曼车渡口，海拔259米。全县土壤分为7个主类，10个亚类，27个属，55个土种。各类土壤随海拔高低垂直分布，因气候、生物、地质、地形的不同各有差异。海拔800米以下河谷地带属燥红壤；800～1200米的下半山区属赤红壤；1200～1900米的中半山区属黄棕壤。西部海拔1000～2500米的地区有紫色土分布。

境内有大小河流20余条，组成南北两个水网，水资源可观，地下水出水量约4亿立方米，全县人均占有水量为全国平均值的2倍，但开发利用率相当低。由于地处北回归线以南，红河县年平均气温11.2℃～23.4℃，太阳辐射强烈，属亚热带季风气候类型，加上境内地势高低悬殊以及南来北下的气流影响，干湿季分明，立体气候明显，有“一山分四季，十里不同天”之说。分水岭以北地区，海拔每升高100米，气温下降0.6℃；分水岭以南地区，海拔每下降100米，气温升高0.55℃。月平均气温14.8℃～28.1℃。活动积温（10℃）的变化在1800～7600之间，持续天数129～333天。全县按积温标准可以划分为北热带、北亚热带、中亚热带、南亚热带、南温带五种气候带。红河县不同地区年降水量悬殊较大，北部低山河谷地带为700～900毫米，南部山区为1500～2000毫米，全县年均降水量1340毫米。11月至次年4月为旱季，气候受青藏高原的干暖西风气流控制，天气晴朗，日照充足，水汽少，空气较为干燥，降雨仅占全年降雨量的16%～24%左右。5～10月为雨季，气候受北部湾的东南季风和孟加拉湾的西南季风影响，水汽充足，空气较为湿润，多东风，降雨量占全年雨量的76%～84%。常出现冬春少雨易干旱、夏秋多雨的气候，时有山洪发生。

红河县历史上森林资源丰富，林木种类繁多，且多为阔叶林，其中列为国家重点保护植物的有野茶树、大树杜鹃等十余种。红河大翼橙，四季常绿，果实如球，是柑橘起源中心在中国的铁证。但近数十年来，由于人口增长，生产生活活动频繁，森林面积有所减少。境内矿藏有铜、铁、铅、石棉、石膏、大理石等，以非金属矿为主，尤以石膏为冠。野生动物种类较多，其中列为国家保护动物的亦不少。野生药用植物很多，盛产的有杨梅皮、枳实、何首乌等，县内盛产茶、棕、香蕉、冬早蔬菜等。此外，棕榈是红河县的主要特产之一，由于其棕片大而棕丝细长，被称为马尾棕，红河县作为云南省棕片的生产基地，棕片产量居全国之首。①

二　迤萨镇概况

迤萨镇为红河县人民政府驻地，是江内外物资集散地，

① 云南省红河县志编纂委员会编《红河县志》，云南人民出版社，1991，第42～76页。

也是滇南著名的侨乡。红河县的华侨和归侨、侨眷多集中在迤萨镇，在国内外均有一定影响。早在清咸丰三年（1853年），迤萨的先人们就以敢为人先的气魄和胆识，勇闯南路出国门，一批批商旅、一队队马帮开赴越南、老挝、泰国等东南亚国家经商。现有1152户5984人侨居老挝、泰国、加拿大、法国等国家和地区，还有港澳同胞20户100人，归国华侨19户32人，侨眷及港澳眷属1124户5303人，为云南省滇南的重点侨乡之一。人马同行的壮举缔造了蜚声滇南的马帮文化，驮出了一座座依山而建、鳞次栉比的山城。

迤萨镇在清朝乾隆以后就逐渐形成集镇，古代系元江县辖地，今为红河县城。关于“迤萨”一词的由来，民间说法主要有三种：其一，认为迤萨源于“迤人”和“沙人”的称谓，“迤人”和“沙人”是元明时期对当地土著居民瑶族和苗族支系的称谓，意为“迤人和沙人居住过的地方”；其二，认为迤萨为彝语，迤即“水”，萨（撒的谐音）指“缺”或“穷”，迤萨即“缺水的地方”；其三，认为迤萨为彝语，迤即“水”，萨即“沙”，迤萨即“水沙淤积之地”。[①] 迤萨地处红河南岸江坡之巅，江即红河，元代前称礼社江，元朝征服云南后改称元江。山高坡陡，干旱缺水。红河水从北郊山麓向东奔流而去，却无法开发利用，祖祖辈辈望江兴叹。前人有诗曰：“高高山岗是故乡，左有河来右有江；山高难把五谷出，水大难作救命汤。”明末清初，汉族开始由石屏、建水迁入，清乾隆年间，随着炉坊铜矿的开采和元江水运贸易的发展，迤萨人口骤增，清末开辟

① 红河县人民政府侨务办公室、红河县归国华侨联合会编《侨乡迤萨》，云南民族出版社，1995，第151页。

了通往越南、老挝、缅甸、泰国以马帮运输的民间国际贸易渠道，经济迅速发展，迤萨开始形成初具规模的商业集镇。1950年红河建县后，迤萨镇为县人民政府驻地。1971年以后，利莫电站、勐龙泵站、小河底电站、虾洞泵站相继建成，解决了迤萨地区交通闭塞，能源、水源严重缺乏的困难，促进了经济繁荣，城镇建设日益发展。迤萨镇已成为全县的政治、经济、文化、交通和信息的中心。

迤萨镇位于县境东北部，红河南岸迤萨山岭西部，北距省会昆明市318公里，东距红河自治州首府蒙自150公里。迤萨镇有人口3万余人。东、西分别与元阳县、玉溪市元江县接壤，北隔红河与石屏牛街镇、建水官厅镇相望。2005年7月，勐龙乡与迤萨镇合并，镇政府办公楼区搬迁到海拔659米的凹腰山一带，全镇国土面积255平方公里，其中城区面积3平方公里，海拔259~1590米。迤萨镇共有耕地面积21694.65亩，其中水田7256.68亩，旱地面积14437.97亩。迤萨镇下辖跑马路社区和西山社区两个社区，勐龙村委会、勐甸村委会、齐心寨村委会、土台村委会、小河村委会、大黑公村委会、昆南村委会共7个村委会，以及75个自然村，109个村民小组。2007年底，全镇有6021户，28437人，其中农业户3603户，15193人（不含移民区——凹腰山社区），主要居住着哈尼、彝、傣、汉等民族，少数民族占总人口的82%。2007年，全镇农村经济总收入4809万元，农民人均纯收入1934元，粮食总产量574万公斤，农民人均有粮328公斤；乡镇企业总收入7380万元；个体私营经济780户，从业人员1700人，上缴税金352万元。[①]

---

① 数据由红河县迤萨镇政府提供。

迤萨镇属亚热带气候，适宜多种热带经济作物生长。甘蔗、香蕉、荔枝、芒果、龙眼等热带作物均有种植，其中尤以甘蔗和香蕉的产量为最。矿产则以石膏和铜矿为主。①

三　跑马路社区概况

跑马路社区是红河县迤萨镇的一个社区。2002 年，红河县迤萨镇人民政府为了推进县城社区建设工作，对城区三个村（居）民委员会进行规模调整，并将其重新划定为六个社区，跑马路社区作为其中的一个社区得以成立。2005 年 12 月，迤萨镇将原来的安邦社区、松花社区以及跑马路社区三个社区合并为一个社区，合称为跑马路社区。跑马路社区下辖安邦村和合兴村两个自然村。截止到 2008 年，跑马路社区共有驻社单位 37 家，商业网点 167 个，金融单位 2 家，宾馆、旅社 15 家，美容美发厅 37 家，夜市烘烤 4 个，农贸市场 2 个。

跑马路社区地处海拔 950 米、年平均气温在 21℃、年降水量在 893 毫米的半山区。它位于红河县城南部，东至西山社区，以王塘子边村为界；西至勐甸与红砖厂接壤，以凹腰山社区为界；北至西山社区，以文体局为界；南至勐龙村委会。国土面积 10 平方公里，其中常用耕地 893.13 亩，林地面积 2650.5 亩，荒山荒地面积 5434.5 亩。2008 年跑马路社区实有总户数 1625 户，总人口 5819 人，其中居民 1236 户、4130 人，农业人口 389 户、1689 人，流动暂住

① 中共红河州委政策研究室编《红河州乡村概况》（内部版），红新出（2003）准印字第 98 号，2003，第 541～542 页。

358 户、531 人；本县进城务工 702 户、2040 人。[①]

迤萨镇政府搬迁之后，跑马路社区迁入原迤萨镇政府驻地办公。安邦村于 2005 年并入跑马路社区后，原安邦村办事处的两层办公楼的一楼就改作跑马路社区的卫生服务站。跑马路社区门口挂满了各种牌子，“创建平安跑马路，构建和谐跑社区”等标语横挂在大门上方格外显眼，进入社区办事处，“法制宣传栏”、“党建宣传栏”等黑板随即映入眼帘。按照“生产发展、生活富裕、乡风文明、村容整洁、管理民主”的总要求，跑马路社区开展了各项工作。据跑马路社区居委会委员白琳、李元芬介绍，跑马路社区各种基层组织齐全，有妇联、共青团、工会、计生委员会、民兵组织、调解委员会、治保委员会等组织，制定了各类详细规章制度，在流动人口、计划生育、妇女工作等方面管理得比较有特色，且均有行之有效的管理办法，对所辖区域内侨民情况也有详细的记录。

第二节　侨乡安邦村历史沿革与行政区划

一　概况

迤萨镇的安邦村原名“阿巴”，彝族支系濮拉语，意即父亲、岳父。传说濮拉人迁徙途中，岳父到此先居，故称“阿巴”，即祖先岳父找到了一个好地方，濮拉语别名“窝八开”。民国时期，村绅觉得“阿巴”称呼不雅，曾将本村

---

① 以上数据由跑马路社区提供，部分数据摘自《跑马路社区 2008 年综治工作总结》。

更名为“安乐村”。中华人民共和国成立后，1951 年设红河县，在建镇设乡时，县政府工作组借谐音将其更名为“安邦村”，赋予其国泰民安的美意。但“阿巴”的称呼在民间，特别是在海外华侨间依然广为使用。安邦历史悠长，远在明末就有土著人在这里居住。自明初，江内汉人经商者看到此地虽无农耕，却有利于经商谋生，于是开始陆续迁来迤萨安邦村等地定居。至清代康熙年间，汉族人口逐渐增多。据今迤萨镇包括安邦村在内的何、马、刘、杨、李姓家谱，其始祖多为石屏、建水、通海人氏，祖籍河南、四川、甘肃、湖南、广东、江苏、浙江等地，随明沐英征滇落籍云南，后迁江外定居。如安邦村 94 号的马瑞方家，祖籍四川巴蜀，有比较完善的家谱记载，至今马氏为第 16 代；安邦村 139 号的李国光家，大堂门头上楷书“陇西堂”三个大字，证明其祖上由甘肃迁徙而来。由于历代封建王朝推行大汉族主义和愚民政策，进行民族压迫和民族歧视，原居于此的土著濮拉人逐渐迁徙，继续与汉族杂处的所剩无几，几乎被汉人取代，这种情况直到新中国成立后才有所改变。随着汉族的不断迁入，汉文化也随之传入安邦村。如今，隶属迤萨镇跑马路社区的安邦村主要居住着彝族、哈尼族和汉族三个民族，不同民族之间友好互助，和平共处。安邦村同时也是一个典型的侨村，该村侨眷有 37 户 200 人，归侨有 10 人，在外华侨有 135 人，分别在老挝、美国、法国、加拿大、泰国、越南六个国家和我国台湾地区居住。①

1952 年设安邦乡，1959 年安邦乡被撤并划属勐甸乡，

---

① 安邦村的历史变迁由邵泽祖先生提供的资料整理而得。

到了1962年，安邦村重新划归迤萨镇直到现在。1970年，设永胜大队，1972年永胜大队更名安邦大队，1984年改设安邦办事处。2002年，红河县迤萨镇人民政府为了推进县城社区建设工作，对城区三个村（居）民委员会进行规模调整，重新划定为六个社区，安邦社区作为其中的一个社区得以成立。2005年12月，迤萨镇再次将安邦社区、松花社区以及跑马路三个社区合并为一个社区，称为跑马路社区。安邦村作为跑马路社区下辖的一个自然村，共有八个村民小组。为了调查和研究的方便，我们对2005年安邦村（社区）并入跑马路社区以后的行政区域进行调研，下文的叙述以此为准（见图1－1）。

图1－1　调研人员在跑马路社区居委会查阅资料

今天的安邦村隶属红河县迤萨镇跑马路社区，属于半山区。安邦村在红石公路沿线，距离跑马路社区办事处0.1公里，距镇政府所在地8公里，去迤萨镇的道路为水泥路，交通方便。安邦村东邻勐甸，南邻勐龙大寨，西邻遮萨镇城区，西北邻西山社区。截止到2006年，安邦村共有农户194户，乡村人口1256人，其中农业人口855人，劳动力568人，从事第一产业人数498人。2008年全村农村经济总收入402万元，其中，种植业收入194万元，占总收入的48%；畜牧业收入39万元，占总收入的10%，年内出栏肉猪210头，肉牛65头，肉羊50头，鸡、鸭等禽畜200只；渔业收入19万元，占总收入的5%；第二、三产业收入137万元，占总收入的34%。农民人均纯收入2464元。安邦村主要发展甘蔗、木薯种植业，甘蔗主要销往县白糖厂，木薯销往县红枫淀粉厂。2006年甘蔗、木薯产业全村销售总收入100万元，占农村经济总收入29 %。全村国土面积9平方公里，有耕地面积1289亩，人均耕地1.03亩，林地2650亩。隶属遮萨镇跑马路社区的安邦村，由于年平均气温23℃，年降雨量843毫米，属热带、亚热带气候，适宜种植水稻、甘蔗、木薯、冬早蔬菜、花生等经济作物。安邦村目前主要种植芒果、龙眼、印楝等经济林果。安邦村村民日常赶集去的是跑马路农贸市场（见图1－2）。

截止到2008年底，安邦村已实现通水、通电、通路、通有钱电视、通电话，有路灯。全村194户都通了自来水通了电，另外，全村有172户通有线电视，拥有电视机的农户172户；安装固定电话或拥有移动电话的农户有108户，其中拥有移动电话的农户有73户，分别占该村人口总数的约56%和38%；该村到镇的道路为水泥路、土路，进村道路为水泥路面，而村内大部分主干道均为硬化的路面。村子距离最近的车站0.1公里，距离最近的集贸市场0.1公里。全村共拥有汽车13辆，拖拉机1辆，摩托车23辆。此外，

图 1-2 安邦村村民赶集的跑马路农贸市场一角

全村建有沼气池的农户有 13 户，已安装太阳能的农户有 23 户。村内农户住房以土木结构住房为主，其中有 28 户居住于砖混结构住房，57 户居住于砖木结构住房，96 户居住于土木结构住房，还有 13 户居住于其他结构的住房。①

二 村落布局

安邦村地处遮萨镇西郊，遮萨镇西山公园再往西顺着

① 安邦村数据由跑马路社区提供，其中部分来源于云南数字乡村网，安邦村村级网站，http://www.ynszxc.gov.cn/szxc/villagePage/vIndex.aspx? departmentid = 195086，2009 - 5 - 21。

安邦路步行 0.5 公里，即属安邦村范围。安邦村分为上寨和下寨，踞山岭呈散状分布。1959 年以前，汉族居住上寨，又称汉人寨，濮拉人居住下寨，又称濮拉寨。汉族住房多为砖木结构四合院瓦顶楼房，其中有不少深宅大院豪宅。濮拉人住房均为土坯墙土顶楼房。1959 年“大跃进”大炼钢铁时期，人们将下寨土房全部拆除，把木材当燃料炼钢，把“老土墙”做肥料种庄稼。濮拉居民迁往上寨，开始同汉族人杂居。后来，政府落实政策，赔偿“大跃进”时期濮拉居民住房因“瞎指挥”被拆毁造成的损失，有部分濮拉居民迁回原址组建家园。从迤萨镇西山公园出发，沿安邦路往西走就是安邦上寨，安邦村的四个池塘中有三个就分布在上寨。安邦路尽头的第一个池塘边上，坐落着村里唯一一所卫生服务站，原为安邦办事处，安邦村于 2005 年并入跑马路社区后，该办事处的两层办公楼的一楼就改为跑马路社区的卫生服务站。沿着第一个池塘再往西走，依次会遇到一所寺庙和一所学校。寺庙名为安乐寺，到过年过节的时候就会有村民来这里上香祈福。学校是安邦村完小，大致坐落在安邦上寨和下寨的交界处，占地面积 2131 平方米，有教师 18 人，在校学生 367 人。学校往西即为安邦下寨，安邦下寨则与移民村相连。除此之外，安邦村设有两所公厕，建有垃圾集中堆放场地 1 个。

三　人口

（一）人口结构

截止到 2006 年底，安邦村的人口结构状况如表 1－1 所示。

表 1－1 安邦村 2006 年人口结构状况

乡村人口（人）		1256
农户数（户）		194
农业人口（人）		855
劳动力（人）		568
其中：从事第一产业人数（人）		498
乡村人口中按性别结构分：	男性（人）	601
	女性（人）	655
乡村人口中按民族结构分：	汉族人数（人）	399
	少数民族人数（人）	857
	其中：彝族（人）	613
	哈尼族（人）	244
乡村人口中按教育程度分：	大专及以上（人）	25
	中学（人）	698
	小学（人）	472
	未上学（人）	61

注：本表由迤萨镇跑马路社区提供，为安邦村 2006 年信息统计表。

从农业人口构成看，安邦村 194 户共 1256 个人中，农业人口占全村总人口的 68.1%，而从事农林牧副渔等第一产业的人数仅占全村总人数的 39.6%。究其原因，主要是安邦村的村民大多数把政府承包给自己的土地再转租给了其他村的村民或是本村少数后来才迁入的村民栽种，多数转租给傣族和彝族。其承包方式有两种，一是收取土地租金，二是以“分边”的方式即等承租方栽种的农作物成熟后双方按协商好的比例来分配。当地多数有地不种的村民就是通过土地转租的收入和外出打工经商的收入生活。在对安邦村随机 50 户村民的问卷抽样中，这种情况共有 24 例，占到调查总数的近一半，如果排除其中属于城市户口的 5 户村民，在剩下的 45 个属于农业户口的村民个案中，这种将土地转租的案例更是占到 53.3%。

从性别结构看，安邦村有男性 601 人，女性 655 人，男女性别比例为 92：100。而人口统计学上正常的男女比例为 102～107：100，从中可以发现安邦村的人口性别比例失调较严重。造成男女性别比例失调的原因有很多，通过调查，我们了解在造成安邦村男女比例失调的原因中，至少包含以下两方面的因素：一是历史因素，二是现实的因素。安邦村是一个典型的侨村，从清朝开始直到新中国成立初期，安邦村的村民和镇上的其他村民一样，由于生活所迫，纷纷组织马帮辗转到异国他乡经商，当时走马帮的主要是男性，其中部分人在走马帮的过程中先后在老挝、越南、泰国等国侨居，成为当地的居民，再加上当时复杂的国际国内形势，很多走马帮出去的人就很少回来了。有的人本来在国内已经成家有自己的家眷，但由于回来的机会不多，在国外再组建新家庭的人不在少数。因此，新中国成立初期的安邦村，很多家庭就出现丈夫在外、妻儿留守的现象。而且据当地人介绍，当时这些留守的马帮成员的家眷，改嫁的人非常少。男性劳动力大规模出去走马帮的这段历史，是造成安邦村如今男女人口比例失调的历史因素。而今天的安邦村人由于受到先人的影响，经商打工的人也比较多，部分青壮年男性走出村寨在外务工，这些都影响到安邦村的男女比例的结构。

安邦村 92：100 的男女性别比例，在某种程度上也间接反映了安邦村人口老龄化的迹象。尽管缺乏整个安邦村人口年龄结构的详细数据，但我们可以从跑马路社区提供的一份 2006 年安邦村合作医疗人员的具体的名单中大致估计出 60 岁以上的老年人所占的比重：在这份最小年龄 3 岁

（出生年月为2006年11月）、最大年龄94岁（出生年月为1915年3月）的766个参加合作医疗的人员名单中，出生于1949年以前的60岁老人合计102人，占到参保总人数的13%。这已经超出10%这个衡量一个地区人口老龄化的标准。虽然这个数据只是一个估计值，但也的确在某种程度上反映了安邦村老龄人口较多这一事实。在入户调查中我们也发现类似的现象，村民家中多见四五十岁以上的中年人或老年人留守，年轻的壮劳动力则不常遇到，他们很多人在外打工，部分人是在外求学，一些村民的子女成家后就搬出安邦村，在迤萨镇城区或者其他地方安家，户口也随之迁出。

从民族构成看，安邦村是一个典型的民族杂居村寨，按照不同人口所占比重由高到低的排列，依次为彝族、汉族和哈尼族，分别占到全村总人口的48.4%、31.8%和19.4%。

从安邦村的侨民侨眷构成看，安邦村侨眷有37户200人，归侨有10人，在外华侨有135人。

（二）人口素质

人口素质主要分为文化素质和身体素质。安邦村的1256个村民中，教育程度大专以上的有25人，占到总人数的2%；教育程度为中学的有698人，人数最多，占到全村总人数的56%；小学教育程度的472人，占到总人数的38%；而未上学的人数为61人，比例为5%。从数据中我们可以大致了解到安邦村居民的文化素质呈两头小中间大的趋势，即未念过书和大专以上学历的人所占比重都不大，村里大多数人的教育程度为小学和中学。

在对村民的访谈和问卷调查过程中，我们了解到整个安邦村近些年并无重大的传染性疾病及家族遗传病发生。安邦村村民中常见的慢性疾病一类是慢性支气管炎，另一类则是高血压等心脑血管疾病。

（三）人口流动

安邦村所属的跑马路社区对流动人口的管理于 2007 年开始，是和计划生育工作联系起来的。2007 年跑马路社区成立流动人口计划生育协会领导小组，对所辖社区的流动人口及相关计划生育情况展开工作，每个月社区的工作人员都会用小卡片和报表的形式及时统计当月流动人口及其计划生育的变更情况（见图 1－3）。跑马路社区提供的统计资料显示，截止到 2007 年 12 月底，在跑马路社区总户数 1625 户、总人口 5779 人中，流入人口 531 人，有 358 户，已婚育龄妇女 109 人；流出人口 65 人，其中已婚育龄妇女 8 人。具体到安邦村的人口流动资料，我们可以从跑马路社区提供的最近的一份 2008 年下半年流动人口统计月报表中看到相关信息（见表 1－2、1－3）：2008 年整个下半年安邦村流入人口 57 人，流出人口 49 人。据社区人员介绍，2005 年由跑马路、安邦、松花三个社区合并而成的跑马路社区，由于地处县城的繁华地段，文化娱乐、饮食住宿、修理加工、批发零售为主的商业网点星罗棋布，是农工商贸的集中地，所以流动人口相对较多。人口之所以流动，有的是为了打工和经商，有的则是投靠亲友或家属随迁，还有一部分是因为升学或婚姻等原因。

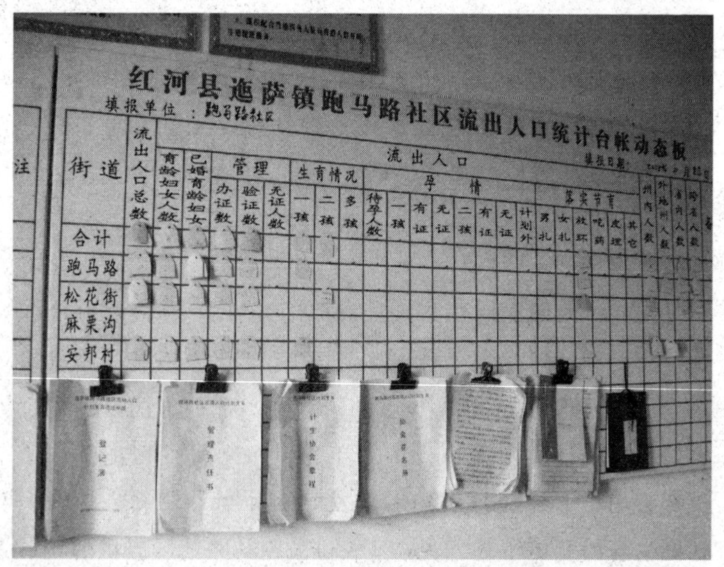

图 1－3　社区流动人口统计台账动态板

表 1－2　跑马路社区流入人口统计月报表（安邦村部分）

单位：人

月份	流入人口总数	流入人口													
		育龄妇女人数	已婚育龄妇女	管理						落实节育					
				办证数	验证数	签合同数	一孩	二孩	多孩	男扎	女扎	放环	吃药	皮埋	其他
7	57	4	4	4	4	4	3	1	2			1			
8	57	4	4	4	4	4	3	1	2			1			
9	57	5	10	4	4		4	3				1			
10	57	5	10	4	4							1			
11	57	5	10	4	4	5						1			
12	57	5	10	4	4	10	4	5				1			

表1－3　跑马路社区流出人口统计月报表（安邦村部分）

单位：人

月份	流出人口总数	流出人口												
		育龄妇女人数	已婚育龄妇女	管理					落实节育					
				办证数	签合同数	一孩	二孩	多孩	男扎	女扎	放环	吃药	皮埋	其他
7	49	37	4	4	37	2					1			
8	49	37	4	4	37	2					1			
9	49	37	4	4	37	2								
10	49	37	4	4	37	2								
11	49	37	4	4	37	2								
12	49	37	4	4	37	2								

第二章　政权建设

第一节　基层组织

安邦村隶属的跑马路社区，门口挂满了各种牌子，“创建平安跑马路 构建和谐跑社区”等标语横挂在大门上方，格外显眼（见图2－1）。进入社区办事处，“法制宣传栏”、“党建宣传栏”等黑板随即映入眼帘。因办事处主任、副主任参加县人代会和政协会议，在家的社区委员李元芬（见图2－2）

图2－1　悬挂在跑马路社区居委会办公室门口的各种工作机构标识牌

虽到位工作不久，不太熟悉相关工作情况，但仍热情地带我们参观了办事处办公室和活动室。我们在这里了解到了很多跑马路社区的情况：这里各种基层组织齐全，有妇联、共青团、工会、计生委员会、民兵组织、调解委员会、治保委员会等组织；对流动人口、计生、妇女等有严格有效的管理办法；对所辖区域内侨民情况有详细的记录；制定了党员管理等详细的各类规章制度（见图2－3）；等等。

图2－2　调研人员采访在跑马路社区居委会工作的哈尼族妇女李元芬

图2－3　跑马路社区各种工作职责

一 党团组织

（一）组织结构

党组织是领导地方经济、社会发展的核心。2005 年，安邦社区、跑马路社区、松花社区三个社区合并为跑马路社区，于是在原来三个党支部的基础上成立了跑马路社区党总支，当时共有党员 77 人。2007 年跑马路党总支下的合兴村党支部成立，共有 15 名正式党员纳入跑马路党总支委员会。截止到 2008 年底跑马路社区党总支下面共设 4 个党支部，有正式党员 135 名，预备党员 12 名，入党积极分子 8 名。[①] 表 2－1 为 2005 年新合并成立的跑马路社区党总支领导班子。

表 2－1　2005 年跑马路社区党总支委员会

职　　位	姓　名	性别	政治面貌	民　族	文化程度
总支书记	高伟明	男	党员	彝　族	初中
总支委员	高　云	女	党员	汉　族	大专
总支委员	白　琳	女	党员	哈尼族	初中
总支委员	张凤珍	女	党员	彝　族	高中
总支委员	陈家伟	男	党员	汉　族	初中

注：数据由跑马路社区提供的资料整理而得。

2009 年 1 月我们下去调查时，三年一届的社区党总支和社区居委会恰逢换届选举，跑马路社区原党总支委员会书记高伟明继续担任下一届总支书记，只是尚待批文。

安邦村设党支部 1 个，党员总数 22 人。其中，男性党

① 数据摘自《跑马路社区党总支 2006～2009 年三年工作总结》。

员 13 人，女性党员 9 人，少数民族党员 17 人。该村设有团支部 1 个，团员 58 人。

（二）工作开展

跑马路社区党总支成立后，领导班子制定了一套新的管理方案，下设的四个支部书记负责支部内的工作及支部的正常活动，把各项工作列入议事日程，社区领导班子成员分管联系各街道组长、村民组长的日常工作。安邦村党支部在党总支的领导下，积极配合开展各项工作（见图 2－4）。

图 2－4　支部民主生活会

第一，加强社区领导干部、党员干部的学习工作，不断提高党员的综合素质和社区干部的业务素质。2006 年按照上级党委要求，在总支的部署下，安邦村支部书记和老党员带领年轻党员学习“三个代表”重要思想、“保持共产党员先进性”知识读本、党建文汇以及时事政治，要求年轻党员积极参加学习，深刻领会党性知识、老一辈党员的优良作风，使年轻党员继承他们的优良传统，思想不落伍。通过学习，党员的素质不断提高，同时也提高了社区领导班子的领导水平、执政能力和创造能力。此外，支部每季度开展一次活动，把各项工作列入支部议事日程；总支每年开展两次党员活动，在活动中，安邦党支部与其他三个支部党员一起相互学习、相互交流。

第二，为拓宽发展党员的新视野，全方位做好党员发展、培养新党员工作，跑马路党总支运用上党课、播放电教片等各种方式吸收培养符合条件的入党积极分子加入党组织。2006~2009 年跑马路党总支共发展 15 名正式党员、12 名预备党员和 8 名入党积极分子。

第三，跑马路党总支充分发挥党员带头作用，贯彻党的路线方针政策，宣传国家法律法规，团结群众，完成社区辖区内的各项工作任务。社区每年至少开展两次宣传教育活动，每年组织全体党员清扫全区公共卫生死角两次；投入资金 7000 多元清理马帮路、高级中学公路沿线排污沟和路边杂草；在 2008 年汶川地震捐资活动中，党员们纷纷带头，工会会员、低保户积极参与捐款活动，共筹得 16596 元善款（见图 2-5）；三年（2006~2009 年）来投入活动资金 16000 元，用以支持包括安邦村老年协会在内的社区四个老年协会的活动；通过各种组织渠道和中介解决了 30 多人的就业问题，并由街道组长、村民组长等 60 人组成一支义务巡逻队，在节假日期间进行义务巡逻。

第四，充分发挥党员干部核心作用，针对社区工作中的难点，深入街道、村里了解民情，深入调查，遇到问题及时处理，疏导化解矛盾，积极配合有关部门调解好每起纠纷，并通过宣传手段学习调解知识，提高调解质量。

图2－5　组织村民为四川汶川地震灾区捐款

第五，发挥党组织在社区文明建设中的模范作用，给予困难党员和群众关心和帮助。2007年、2008年的春节和中秋节，跑马路党总支共慰问不同困难程度的党员135人，工会会员18人，街道组长52人，享受60岁以上农村困难党员补助待遇的9人，共解决农村低保371户共908人的问题，其中，包括安邦村低保户57户。

第六，多方筹调资金及水泥等物资发放到村、户建小街道，用以修补房子、防洪、修公路等。2006～2008年共修建大小街道11条，投入资金55200元；修建厕所7间，投入资金41200元；发放补助水泥267吨；修建水沟、挡墙5处，投入资金109593元。①

（三）社区党总支部分党员介绍

高伟明，彝族，52岁，党员，安邦村高氏家族的后代。他原先是一名建筑老板，在迤萨地区具有一定的威

① 根据《跑马路社区党总支2006～2009年三年工作总结》整理。

望。在 2005 年跑马路、安邦和松花三个社区合并为新的跑马路社区后，他以较高票数当选跑马路社区居委会主任和党总支书记。由于社区的撤并，遗留下三个问题：一是需要解决前社区所留下的债务；二是新增加的移民村管理和建设问题；三是社区自身建设问题。针对这三个问题，高伟明带领社区领导班子人员走街串巷，查找问题及时解决，通过不断地跑单位协调资金最终抵清债务。第一个问题解决后，接下来是移民村的问题，移民村的人本来是从宝华、俄垤等三个村子移民过来的。从 1996 年开始，由于种种原因，移民村的管理和建设问题无人问津，在 2005 年划归跑马路社区管理后，高伟明带领班子多次调研移民村，并把所了解到的困难写成书面材料，向上级各部门反映。2006 年 1 月，通过在各单位之间协调资金和水泥，跑马路社区建设了移民村三条总长为 380 米宽 5 米的街道，还有排水沟，并且帮助解决移民村红旗山饮水池建设问题。2006 年 12 月设立移民村卫生室，解决了村民看病跑远路的困难。第三个问题是社区建设。高伟明带领社区领导班子，首先加强党建以确保社区建设的正确方向，其次以文明社区创建活动为主，构建文明社区新格局。此外，高伟明还想方设法，靠开采石场、揽小工程做，把赚到的钱用在社区公益事业建设上。

高云，女，汉族，大专文化，37 岁，党员，在没有选入社区工作之前一直从事饮食生意。因为她平常善于帮助别人，在 2005 年新的跑马路社区成立后，被居民推选为社区副主任。高云出生在农村，家庭相当困难，从小被村子里不少村民帮助过，正因为这样，从小她就有以后不论贫富我都要尽自己的能力去帮助他人的想法和信念。2002 年参加工作后，高云抛下生意，几乎顾不上家，全身心投入到工作中。社区是最基层的单位，每天到社区反映问题和困难的居民络绎不绝。面对这些，她都耐心帮助解决。2003 年，了解到跑马新街居民李某和工程队居民李某等六名困难户长期生病，生活又相当困难没钱治病这些情况后，高云于是帮六名患者写申请，跑单位协调了 5000 多元医药费。2004 年她自己出资帮助一名困难辍学学生重返校园。有时候一些困难户到社区反映困难，她就自己掏腰包拿出三十、五十、一百元等给予急救。2005 年一对夫妻因打架，妻子耳朵受伤流血，高云亲自把人送到医院并帮她交了医药费，并做通了夫妻双方的思想工作。2006 年安邦村三农户因无钱缴农村医疗保险费，她怕万一收缴期一过这些人就参加不了保险了，就拿出自己的钱帮她们垫交了。安邦村残疾人张天才、马彩仙，因残疾难找工作，她帮她们办理好残疾证，并联系用人单位让她们进厂上班。这样的琐碎小事还有很多。六年来，高云作为一名党员，默默地在工作中帮助别人解决问题，她本人曾获得省级“孝亲敬老之星”、县级“先进工会工作者”、“迤萨镇优秀共产党员”等光荣称号。

二 行政组织

（一）组织结构

1. 行政变更

安邦村自新中国成立后先后经历了安邦乡、永胜大队、安邦大队、安邦办事处、安邦社区等一系列行政体制的变更。在 2002 年以前，安邦村属于乡村编制，2002 年以后，由于红河县迤萨镇人民政府推进县城社区建设工作，地处迤萨镇城区的安邦村改为城镇社区编制。安邦村的社区体制改革于2002年9月开始进行。经过最初的组织准备、宣传动员到民主选举，再到后来的建章立制，安邦社区成立后的第一届居委会领导班子最终成立，原安邦村村委会主任杨云龙和安邦村村委会副主任马德刚，分别以85票和58票的最高票继续担任安邦社区居委会主任和副主任。在此之后，安邦社区陆续建立和完善各项社区规章制度，包括红河县迤萨镇安邦社区自治章程、安邦社区协调议事委员会工作制度、安邦社区居民委员会居务公开制度、安邦社区居民公约、安邦社区资源共享公约，以及制定了包括安邦社区社会事务工作委员会、社区服务委员会、老龄工作委员会、精神文明建设委员会、公共卫生委员会、计划生育工作委员会、妇女工作委员会、治安委员会、调解委员会在内的工作职责和安邦社区居民会议的职责。经过三年的社区建设，到2005年，安邦社区在提高社区干部业务素质，调整农村产业结构建设农村经济，加强计划生育管理和流动人口管理，加强社区妇联、共青团、老龄民政工作建设，改善社区环境等各方面均取得一定成效。只是在社区体制改革和建设的过程中，也存在一些问题。例如，社区内农业人口较多，农户们忙于生产劳动，所以社区召开各种会议召集群众较难；社区领导班子整体文化素质偏低，需要进一步加强学习；安邦移民村的归属问题尚未理顺；等等。

2005年，随着三年一届的社区党（总）支委员会、社区居委会“两委”换届选举的到来，红河县迤萨镇人民政府把原来的松花社区、安邦社区、跑马路社区三个社区合并成为新的跑马路社区。安邦村成为跑马路社区下的一个自然村，下设八个村民小组，各设一名组长。

2. 现任社区居委会构成

2005 年底至 2006 年初，经过新一届社区居委会换届选举，安邦村所属的跑马路社区新一届居民委员会成立（见表 2－2）。

表 2－2 2005 年跑马路社区居委会成员

职　位	姓名	性别	年龄	政治面貌	民族	文化程度	组织分工
居委会主任	高伟明	男	52	党员	彝	初中	全面工作
居委会副主任	高　云	女	37	党员	汉	大专	工会、妇女、青年
委　员	高伟福	男	43	党员	彝	中专	卫生
委　员	白正能	女	46	党员	彝	初中	民政
委　员	白　琳	女	38	党员	哈尼	初中	计划生育

注：数据由跑马路社区提供的资料整理而得。

新成立的跑马路社区是在原来三个社区基础上合并而成的。社区面积扩大，人数增加，加之社区居民委员会工作本来就比较繁杂，涉及整个社区政治、经济、文化、教育、农科、计生、卫生、妇幼保健等各个方面，跑马路社区居委会在日常管理工作中常出现人手不足的情况。因此跑马路社区居委会又外聘了张凤珍和白建英两位同志，主要负责社区流动人口和残疾人工作。

3. 安邦移民村问题

安邦移民村，又叫合兴村。20 世纪 90 年代后期，红河县政府为了提高城镇化水平，加之修建俄垤水库需占用农民土地，于是动员部分居住在高寒山区的贫困农民和因修水库田地被占用的宝华、俄垤等三个村子的农民移居到迤萨镇附近居住，安邦移民村就是其中的一个移民村，村民多为哈尼族人，和安邦村仅隔一条公路。至2008年底，已有306户哈尼族人定居安邦移民村。安邦移民村名义上划入安邦村，但从1996年开始，由于种种原因，村子的行政归属一直没有理清，村子的日常管理和建设也没有相关机构负责。2002年安邦社区成立时，在社区改革的过程中由于多方原因仍然没有解决移民区的归属问题。直到2005年新的跑马路社区成立后，移民村才正式划归跑马路社区，由跑马路社区居委会统一管理。

（二）工作开展

跑马路社区居委会由于它的基层性，工作涉及的范围很广，除了在党和政府领导下完成各种常规任务之外，还要负责本社区诸如治保工作、卫生工作、计划生育工作、调解工作等各方面的工作，工作内容也比较复杂。新一届的跑马路社区成立后，在妇女工作和流动人口计划生育工作开展方面是比较有特色的。

1. 妇女儿童工作

2005年新成立的跑马路社区在妇女工作的开展上非常细致，一方面，制定了包括《妇代会主任工作职责》、《妇代会委员工作制度》、《妇代会活动制度》、《妇代小组长工作职责》、《妇代小组活动制度》、《妇女培训计划》和《妇代会任务》等在内的较完备的制度和计划，而且把本辖区内妇女基本情况的信息制作成展板，及时公示；另一方面，将妇女工作所涉及的诸如妇女儿童登记、妇代会活动情况、妇女会议和培训、看望老弱病残妇女记录、妇女科技示范户扶贫帮困结对子情况、妇女典型与妇女党员登记、妇女党员发展情况、妇女做好事及实事记录、“妇女之家”活动情况、妇女来信来访等很多方面的工作一一细化整理并记录。

社区加强了妇女干部队伍的建设。整个跑马路社区的妇代会委员 5 人，下辖街道、自然村、妇代会小组妇女干部 20 人。其中，安邦村妇女干部 6 人，除白琳担任跑马路社区妇代会委员外，另外 5 人组成安邦村妇代会小组（见表 2－3）。

表 2－3　安邦村妇代会小组妇女干部登记表

姓名	出生年月	民族	文化	政治面貌	职务
郑姣稳	1949.5	哈尼	高小	党　　员	组长
杨树林	1965.6	彝	初中	预备党员	成员
李权殊	1977.10	彝	初中		成员
李富云	1966.10	汉	初中		成员
白依密	1967.5	彝	初中		成员

注：数据由跑马路社区提供。

妇代会组织妇女干部对社区内的困难户实行结对子帮扶。帮扶包括资金救助、劳力帮扶、技术支持和扶助就业等多种形式。例如，安邦下寨村民白王丽，47 岁，家庭月收入不到 150 元，同住一村的跑马路社区妇代会委员白琳以业务指导的方式对其进行帮扶；潘继昆，52 岁，家住安邦路，家庭月收入不到 200 元，妇代会委员白建英以劳动力帮工的形式，对其进行帮扶。

妇代会组织妇女参加科技培训，对农村妇女科技示范户进行登记造册，并组织妇女科技示范户对社区内的困难户实行结对子帮扶（见表 2－4、2－5）。其中，戴凤云对家住跑马西路的马秀芬家进行了养猪技术方面的帮扶，而跑马路社区的另一户妇女科技示范户严进华，对家住安邦的潘继昆则以资金就助的形式进行了帮扶。

表 2－4　安邦村妇女参加科技培训名单

姓名	出生年月	民族	文化	住址
白　琳	1971.4	哈尼	初中	安邦村
杨树林	1965.6	彝	初中	安邦村
李慧琼	1968.4	彝	初中	安邦村

注：数据由跑马路社区提供。

表 2－5　安邦村妇女科技示范户登记表

姓名	出生年月	民族	文化	发展项目	家庭收入
戴凤云	1952.1	彝	高小	种植水果甘蔗	年收入 6000 元
李慧琼	1968.4	彝	初中	经商、种植	年收入 30000 元
杨树林	1965.6	彝	初中	种植经济林果	年收入 3000 元
卢　萍	1965.12	彝	初中	种植经济林果	年收入 20000 元

注：数据由跑马路社区提供。

妇代会对社区儿童情况进行了登记。2008 年，整个跑马路社区儿童总数 948 人，其中，男童 457 人，女童 491 人，7 岁以下儿童 183 人，7～14 岁适龄儿童 586 人；586 名适龄儿童中，在校生 526 人，辍学 2 人。而安邦村作为其中的一个自然村，儿童总数 139 人，其中，男童 63 人，女童 76 人，7 岁以下儿童 38 人，7～14 岁适龄儿童 95 人；95 名适龄儿童中，在校生 91 人，校外生 3 人，辍学 1 人。[①]

妇代会还对妇女劳务输出的情况进行了登记。2008 年

① 儿童基本情况数据来源于《2008 年红河县儿童基本情况统计表》跑马路社区部分。

跑马路社区妇女劳务输出共6人，其中安邦村妇女劳务输出4人（见表2-6）。

表2-6 安邦村妇女劳务输出登记表

家庭住址	姓名	出生年月	性别	民族	打工地点
安邦村	郭如燕		女	哈尼	蒙自
安邦村	白福仙		女	哈尼	西双版纳
安邦村	孔丽荣	1979.4	女	彝	昆明
安邦村	马玲彦	2980.2	女	彝	昆明

注：数据由跑马路社区提供。

2. 流动人口计划生育工作

跑马路社区首先是加强和健全社区流动人口计划生育管理队伍。措施主要有：一是坚持社区党政一把手亲自负责，成立社区流动人口计划生育协会领导小组，社区负责人分别担任组长和副组长；二是社区下设流动人口综合管理办公室，由社区民警、劳动保障、环境卫生、计生、治保、调解等方面的干部组成；三是建立流动人口综合管理义务协管员队伍，把低保人员组织起来，6天一班，每班6~7人，由居民小组信息员带班，早上抓环境卫生工作，下午轮流巡查社会治安，并协助管理流动人口计划生育工作。

其次，房东配合，建立“抓房东、管房客”工作机制。措施主要有以下两点。一是加强出租房管理。出租房屋时，房东必须查验房客的《流动人口婚育证明》、《身份证》及其与计划生育相关的有效证件，并做好流入人口计划生育信息登记工作，每月向社区上报信息记录。若无《流动人口婚育证明》的，及时报告社区，由社区和房东进行督办、催办，重点监护。二是建立房东奖惩制度。在流动人口计划生育管理工作中，对成绩突出、举报有功的房东给予适当表彰和奖励；对不履行义务、造成流动人口违法多孩生育的房东，依照合同条款、社区居民计划生育条款进行严肃处理。

再次，强化宣传，建立流动人口计划生育服务网络。措施主要有以下四点。一是以社区人口学校为依托，每半年组织流动人口学习人口与计划生育法律法规，进行优生优育和生殖健康知识等培训。二是以宣传栏、黑板报、计划生育政务公开栏和标语等形式，向群众宣传计划生育。三是组织社区计生宣传员、信息员上门向流动人口发放生育宣传单，免费为流动人口提供避孕药具。四是定期为流动人口提供与常住人口相同的计划生育技术服务，每半年免费为流动人口提供查环、避孕、生殖健康检查服务。

然后，社区建立了三项制度，全面落实社区人口计划生育双书双合同管理。建立的三项工作制度，即流动人口计划生育检验制度、流动人口计划生育管理制度和出租房计划生育综合管理规定。为了全面落实双书双合同管理，社区与18个居民小组签订了《流动人口计划生育管理服务目标责任书》，与8个社区单位（业主、雇主）签订了《流动人口计划生育管理服务协议书》，与70户房屋出租户签订了《房屋出租户流动人口计划生育管理合同》，与外来已婚育龄夫妇签订了《流动人口计划生育管理服务合同》。

最后，社区还落实了流动人口“一卡一证两账三图”管理，即一张流动人口管理卡，一本流动人口生殖健康服务证，流入计划生育信息台账、流出人口计划生育信息台账以及《外来人口计划生育管理和服务工作流程图》、《外来人口申请、办理、查验、补办〈婚育证明〉工作流程图》和《城管社区流动人口计划生育管理服务平面图》。

3. 社会治保工作

稳定良好的社会环境是一切建设的根本保障，每年初社区就制定出本年的社会治安综治工作计划，确保综治工作有计划、有步骤地进行，防止综治工作时紧时松的现象发生。社区成立了以社区主任为组长、其他委员为成员的综治工作领导小组，同时组建了由社区居民自愿组成的治安巡逻队，共同负责社区社会治安综治工作。

社区深入开展矛盾纠纷排查调处工作。社区工作人员经常深入村寨、大街小巷、驻社单位，了解群众关注的社会治安热点难点问题，密切掌握群众思想动态，发现问题及时处理。现在，无论单位还是社区的老百姓发生纠纷都喜欢找社区干部解决，找社区干部诉苦。每年社区都要调解群众纠纷数十起，涉及的矛盾纠纷有邻里纠纷、家庭纠纷、土地纠纷等，调解成功率达95%以上。

案例2－1

安邦村村民李信芝家在合作社时期分到的土地在大凹塘，由于几年来自家无人栽种土地，就答应将土地让给同村人普助周、朱发成、李继英三家栽种，并且当时李信芝曾口头声明在适当的时候自己还要收回土地自己种植。然而，近期当李信芝向三家人要回土地时，朱发成、李继英两家都同意归还土地，但普助周家不同意。后经安邦社区工作人员调查调解，李信芝一直承担着该土地的承包费，普助周应该将土地归还给李信芝。最终调解成功。

案例 2 - 2

安邦村居民王翠芬家购买了安邦村大凹塘养护队外圈原罗朝林的房屋，原房屋的主大门朝向东方，由于一些原因，王翠芬家要把大门移到南边。南边是空地，而且同为安邦村村民的张雨情已申请在此建房。在张雨情家下石脚的过程中，王翠芬要求张雨情留下两米空地给她家使用，张雨情不同意，因此产生纠纷。后经社区出面调解，双方最终自愿达成协议：张雨情同意把砖墙靠石脚里方砌，剩下的面积留给王翠芬家使用；张雨情建盖房屋时二层内东北面不得挑出沿，王翠芬房屋西边墙体距 2 米处可支砌挡墙，张雨情家不得干涉。调解成功。

在调查的过程中我们也发现安邦村大多数村民对社区居委会还是比较认可的。例如，抽样调查的 50 户安邦村村民中，当问到他们如果生活中出现困难，最先听取哪方面的意见时，在给出的“村（居）委会、男方家族成员、女方家族成员、朋友、其他”这五个选项中，选村（居）委会的村民最多，占 54%，其他几项依次有 20%、8%、10%、8% 的村民选择。

跑马路社区充分发挥巡逻队伍的作用，严厉打击违法犯罪活动。根据社区的治安状况，社区组织了离退休干部和青年志愿者两支社区义务巡逻队，配合遮萨镇派出所和镇治安联防队，在社区开展治安巡逻工作。社区义务巡逻队负责白天的巡逻防范工作，调解纠纷，派出所及镇治安联防大队负责夜间的巡逻防范工作。巡防队伍的建立，对及时排查各类社区治安隐患、预防和震慑违法犯罪、增强群众安全感、确保社区治安稳定，起到了十分重要的作用。2006 年，两支巡逻队共巡逻 80 天，制止打架斗殴事件 16 起，调解民事纠纷 22 件，切实地维护了社会治安秩序。此外，社区工作人员积极配合公安机关打击各类犯罪，整治社区打架斗殴、盗窃案件等突出的问题，并在平时工作中注意犯罪分子动向，收集有价值的线索提供给公安机关，为侦破工作创造有利条件。2006 年，社区工作人员提供给公安机关破案线索 4 条，破获刑事案件 2 起，查处治安案件 8 起，抓获违法人员 8 人。

跑马路社区积极开展基层创平安活动。在开展创建“平安社区”工作中，组织社区干部上街宣传法律 21 次，提供法律咨询 2010 次，张贴法制标语 152 幅，从而进一步巩固和扩大了社区的创建平安社区的成果。另外，社区投资 4 万元在社区复杂地段建盖了一间 20 平方米的治安交通执勤室，实行 24 小时值班制，维护跑马路一带的社会治安。2006 年，跑马路社区被授予红河州“平安社区”称号。

4. 社会保障工作

跑马路社区认真贯彻落实各级各项社会保障制度，逐步将社区居民纳入国家各项社会保障体系中。到 2006 年底，跑马路社区安邦村参加农村社会养老保险 30 人，占人口总数的 3.5%；参加农村合作医疗 766 人，参合率 90%；五保户人员 10 人；享受低保人数 72 人。[①] 从数据中我们可以看出村民中的绝大部分都加入了农村合作医疗，但由于农村养儿防老观念的影响和制度方面的原因，村民

---

① 安邦村村民参与社会保障的数据和名单均来源于云南数字乡村网安邦村村级网站，http://www.ynszxc.gov.cn/szxc/villagePage/vindex.aspx?departmentid=195086&classid=2013378，2009-5-28。

参加农村社会养老保险的比例还非常低（见表2－7、图2－6、图2－7）。

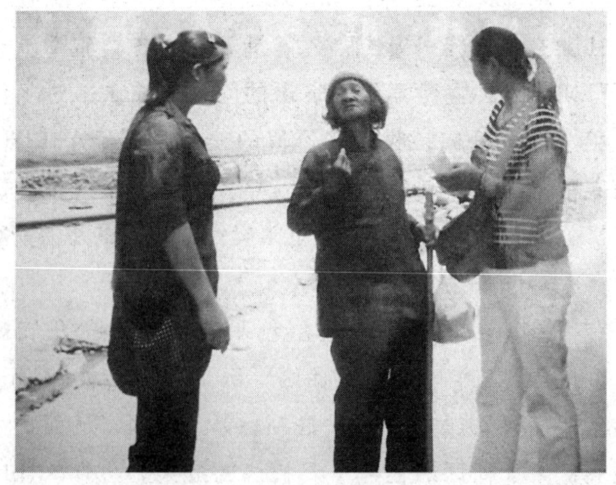

图2－6　社区工作人员看望“五保户”人员

图2－7　社区召开困难村民帮扶大会

表 2－7　安邦村参加农村社会养老保险名单

姓名	性别	年龄	姓名	性别	年龄	姓名	性别	年龄
郭里芬	男	45 岁	王乔林	男	50 岁	高　萬	男	50 岁
郭湘云	男	35 岁	樊绍华	男	45 岁	白建华	男	37 岁
赵记仙	女	52 岁	瞿丽荣	女	41 岁	谭上福	男	38 岁
李金宝	男	50 岁	何你本	男	43 岁	郭玲亚	女	36 岁
李福妹	女	40 岁	后亚	男	36 岁	郭晓婷	女	37 岁
钱进雄	男	38 岁	李富云	男	35 岁	李子敬	男	38 岁
李　崩	女	50 岁	高立岗	男	41 岁	张先敏	女	41 岁
李毅荣	男	38 岁	杨豫姣	女	37 岁	郭志荣	男	42 岁
李　素	女	39 岁	徐　芳	女	40 岁	郭江红	男	39 岁
李　剑	男	46 岁	高　婷	女	25 岁	郭驰强	男	42 岁

注：数据根据云南数字乡村网，安邦村村级网站提供的 2008 年数据整理而得。

以安邦村村民申请低保为例，从申请、初审、核实到报批需要办理四道程序。县民政局在受理、审批过程中，必须坚持申请、审核、审批和民主公示，接受人民群众和社会监督，做到层层把关，确保农村低保工作公开、公正、公平。对保障对象实行分类施保，动态管理，根据不同保障对象的年人均纯收入确定保障标准，做到保障标准有高有低，杜绝平均分配，从而使农村最低生活保障发挥应有的效益和作用。

案例2－3　跑马路社区安邦村村民马秀芳申请低保的过程与相关材料

安邦村村民马秀芳现年（2009年）35岁，女，哈尼族，高中文化程度，非农业户口。由于家庭经济困难，马秀芳于2007年向红河县民政局提出低保申请。在这个过程中，马秀芳首先需要提供由当地派出所出具的户口证明，经过其所属的跑马路社区初审和核实，并出具相关的家庭收入证明，最终报红河县民政局审批，通过后再进行民主公示。以下为马秀芳的低保申请过程的相关资料。

最低生活保障申请书

红河县民政局：

申请人：马秀芳，女，现年33岁，哈尼族，全家三口人，丈夫代永忠，32岁，农业户口，女儿郭娇尧11岁，上学，家住安邦村下寨。

申请理由：丈夫家共有四兄弟，农田少，住房少，每人平均分到两分田地，现在四兄弟除最小的兄弟没成家以外，其余三家加上公公婆婆住一间房子，特别拥挤。我与丈夫没有正常的职业，我小时候右手摔断过后一直没劲，不能参加过重的体力劳动，多日都是闲置在家做家务。一切生活来源都靠丈夫打零工维持。因此生活十分困难，请民政部门给予最低生活保障为盼！

特此申请

申请人：马秀芳

2007年9月20日

证　明

兹有我辖区安邦村 127 号郭娇尧，女，哈尼族，1996 年 8 月 7 日出生，身份证编号：532529199608070020，原属非农业家庭户口，根据红河州户籍制度改革的要求，自 2006 年 1 月 1 日起，户口册上不再注明户口性质。

特此证明

红河县公安局迤萨派出所

2007 年 1 月 23 日

证　明

兹有我辖区安邦村 127 号马秀芳，女，哈尼族，1974 年 3 月 10 日出生，身份证编号：53252919740310032X，原属非农业家庭户口，根据红河州户籍制度改革的要求，自 2006 年 1 月 1 日起，户口册上不再注明户口性质。

特此证明

红河县公安局迤萨派出所

2007 年 1 月 23 日

收入证明

兹证明跑马路社区安邦村居民马秀芳，全家 3 口人，夫妻无固定职业，靠丈夫打工生活。月收入 200 元。

特此证明

跑马路社区

2007 年 9 月 17 日

红河县城市居民调查核实登记表

调查人是白正能、高云、白琳、白建英，被调查人马秀芳，家住安邦村下寨，家有3口人，家庭月经济收入200元左右，调查情况如下：

问：你家共有几口人？

答：三个，其中农民一人。

问：你和你丈夫都做什么工作，每月收入多少？

答：丈夫打工，我右手因小时候摔断过现在不能做过重的体力劳动，多数日子在家管理家务，一切收入来源都是靠丈夫打工。年平均月收入在200元左右，所以申请民政部门根据我家的实际情况给予解决最低生活保障。

调查人意见：经调查，该户申请理由情况属实。住房面积狭小，收入低，请民政部门按城市最低生活保障的有关规定给予审批。

2007年11月11日

证　明

兹证明跑马路社区安邦村居民马秀芳户，未安装自来水管，长期与公婆共用一户头自来水。费用平均每月3.5元。情况属实。

特此证明

跑马路社区

2008年9月20日

城市居民最低生活保障入户调查表

根据国务院《城市居民最低生活保障条例》的规定，我们于2008年10月对马秀芳家庭进行了入户调查和邻里访问，调查结果如下：

申请人马秀芳，性别女，年龄34岁，民族哈尼族，学历高中，健康状况一般，住址安邦村，联系电话________，家庭人口3人，其中农业人口1人，有无住房____，购买时间____，住房面积20平方米，住房装修时间______装修金额______。家庭月总收入200元，劳动力人均月收入100元。群众评估总收入200元。

家庭成员就业情况和其他需要说明的问题：夫妻双方无固定收入，女儿又上学读书，经济收入平均每人每月不到一百元。

邻里其他群众意见：符合条件

调查人：白正能、白建英

单位（公章）：跑马路社区

红河县城市居民最低生活保障审批表

马秀芳，女，哈尼族，高中文化，1994年4月1日从莲花塘迁入。身份证号码是53252919740310032X，失业，家住跑马路社区安邦村，住房类别为土房。家有3人，其中户主是马秀芳，34岁，有一女儿郭娇尧，12岁，职业为学生，身份证号码为532529199608070020。户月总收入200元，劳动力人均月收入100元。申请补助的原因是因夫妻都没有固定职业，全家仅靠一个人打工维持生活，因此生活十分困难。所在村（居）委会、村（居）委会低保评议领导小组、所在乡镇初审意见均认为情况属实，同意上报。经县民政局局务会议研究，同意该户每月户补助金额210元。从12月补助。[①]

5. 精神文明建设工作

安邦村一直以来都比较重视精神文明建设。原来属于安邦办事处时，安邦村就曾开展“十星级文明户”的评选等系列活动。2001年，安邦村被评为云南省文明村和红河州文明村。如今的安邦村，许多家庭大门上还挂着“十星级文明户”的牌子。后来划归安邦社区和新跑马路社区后，每届社区居委会也一直延续着抓好社区精神文明建设的传统。安邦社区时期，居委会组织安邦村开展过爱科学、不让黄赌进我家、反对邪教、妇女卫生知识宣传等系列宣传活动。新跑马路社区成立后，更是把“文明社区”建设作为一项系统工程来抓，成立专门的创建“文明社区”工作领导小组，从健全社区服务、维护社区秩序、建设社区环境、加强社区教育科学方面的建设、开展公民道德教育、开展诚实守信教育等多方面建设“文明社区”。

根据2008年3月15日迤萨镇人民政府出具的证明，包括安邦村在内的整个跑马路社区在2007年无任何重大经济案件、刑事案件和治安案件发生，无任何重大安全生产和责任事故发生，无任何黑恶势力，无非法宗教、邪教活动和“黄毒赌”、拐卖妇女儿童等丑恶现象。

① 马秀芳低保申请资料由红河县劳动和社会保障局于2009年1月21日提供。

三　其他组织

无论是原来的安邦社区还是后来的新跑马路社区，均在社区居委会下成立了社会事务工作委员会、社区服务委员会、老龄工作委员会、精神文明建设委员会、公共卫生委员会、计划生育工作委员会、妇女工作委员会、治安委员会、调解委员会等组织，并制定了相应的工作职责，由社区居委会成员分工负责有关工作。

除了上述这些常规组织外，当地还在社区居委会的领导下成立了其他一些群众组织，如跑马路社区道德评论会、红白理事会、禁赌禁毒协会、老年人协会、画眉鸟协会和计划生育协会。

老年人协会是当地办的比较有特色的协会。据社区工作人员介绍，老年人入会率达 80% 以上，老年人参加集体活动的人数也达到 40% 以上。2005 年新的跑马路社区成立后，整个社区共有四个老年人协会，老年人协会总的活动场地就设在社区居委会所在地。我们去居委会调查时，每次都看到一二十个中老年人在这里活动，有看电视的，有打扑克牌的，有玩麻将的，还有遛鸟的（见图 2 - 8）。跑马路社区还在 2008 年投入 10 万元把居委会所在地的一个大冲沟填平，专门用来做老人活动的场地。安邦村的老年人协会成立已 18 年，会员从 11 人发展到现在的 115 人，年龄在 41 ~ 98 岁之间。协会没有其他经济来源，因为大部分会员是农村人口，协会每人每年集资 10 元作为活动经费，每次协会会员生病、病故，都是靠其他会员个人集资并去看望。2006 年老年人协会通过会员个人集资，社会捐资、捐物和协会借款修建了老年活动室，但也因此欠下几千元的债务。

安邦村老年人协会的处境比较困难，为此跑马路社区正在向县民政局申请相关的经费支持。安邦村的老人平时除了可以来新社区的老年活动中心活动外，在安邦村村内原安邦办事处办公楼二楼，也有老年人协会活动场地。不过，如今安邦村这个活动室已承包给安邦村的一户姓李的村民打理，一年租金360元，水电费另付。活动室设有简易的桌凳和麻将等娱乐工具，平时安邦村的部分村民来这里玩牌或麻将时，需根据时间长短缴纳一定的费用给这位姓李的村民，李同时负责维护活动室的卫生。

图2-8　跑马路社区居委会老年人活动场地一角

第二节　民主法制建设

一　民主选举

红河县迤萨镇人民政府自2002年开始推进县城社区建设工作，至今共举行过三届社区党（总）支委员会、社区居委会换届选举。选举每三年举行一次，安邦村由所属的安邦办事处经2002年改为安邦社区后，经历了第一届社区民主选举；2005年，安邦社区并入新的跑马路社区，经历了第二届社区民主选举；2008年底到2009年初我们调研组调查期间，新的跑马路社区正在经历第三届社区民主选举。整个选举过程一般持续近一个月。

（一）第一阶段：迤萨镇根据《居委会组织法》、红河县社区换届选举实施方案，制定出迤萨镇社区换届选举方案

迤萨镇政府相关机构利用广播电视、报刊、黑板报、宣传栏、标语等多种形式，进行选举前的宣传，让广大居民明确换届选举的意义、步骤和选举的基本原则和规定，并派出工作人员深入到社区具体指导社区的选举工作。

（二）第二阶段：推选社区居民选举委员会和民主选举社区委员会

1. 成立社区居民选举委员会

选举委员会下设主任、副主任、委员。例如2002年安邦社区成立、第一届社区选举时，由原安邦村村委会副主任马德刚担任社区居民选举委员会主任，原安邦村党总支书记钱进雄担任社区居民选举委员会副主任，包括其他五名委员在内共七人组成第一届社区居民选举委员会（见表2-8）。到了2005年和2008年的两届选举，选举委员会人数调整到九人。社区居民选举委员会的主要职责是负责制定选举方案并讨论社区居民委员会选举的日常工作，社区居民选举委员会的推选工作由社区党总支主持，通过召开

社区居民小组会议推选产生。

2. 进行选民登记

对社区内年满18周岁有选举权的居民进行登记，并让他们填写选民证。在距选举日一周前张榜公布选民名单，居民对选民名单有异议的，可以在选举日前向选举委员会提出，由选举委员会负责解释或更正。

表2-8 2002年安邦社区居民选举委员会

姓名	选委会职务	性别	年龄	民族	文化程度	政治面貌	所在单位及职务	家庭住址
马德刚	主任	男	25	彝	高中	党员	安邦村委会副主任	安邦
钱进雄	副主任	男	38	哈尼	初中	党员	安邦党总支书记	安邦
马　四	委员	男	58	彝	初中	党员		安邦
郑娇稳	委员	女	53	哈尼	高小	党员		安邦
杨云龙	委员	男	24	彝	中专	党员	安邦村委会主任	安邦
王丽妃	委员	女	47	蒙古	小学			安邦
郭志荣	委员	男	32	汉	初中			安邦

注：资料由迤萨镇跑马路社区提供。

3. 推荐居民代表

迤萨镇根据自身实际，规定“社区居民小组一般由50~150户居民组成，每个居民小组可推荐3~8名社区居民代表，社区居委会的居民代表总数不少于30名”。由社区各居民小组选民以无记名投票方式选举产生居民代表。例如，2005年由原松花、跑马路、安邦社区合并而成的新跑马路社区，根据其中50~150户组成一个居民小组（选区）的规定，共划定了16个选区，每个选区都设立了一定的代表名额。16个选区中安邦村由于人数较多就占了五个，分别被划入其中的第十二、十三、十四、十五、十六选区，整个安邦村在这次换届选举中选民人数为788人，占到整个新跑马路社区选民总数的21%，选举产生的居民代表10人，占到整个新跑马路社区居民代表总数的20%。

4. 选举产生社区居民委员会

（1）提名社区居委会成员初步候选人名单。初步候选人可由乡镇向社会公开招选后向社区居民选举委员会推荐，也可以由居民直接投票或由选民10人以上联合提名、户代表5人以上联合提名、社区居民小组代表3人以上联合提名方式产生。初步候选人产生后，居民代表大会以投票预选的方式确定正式候选人。正式候选人的名额应多于应选名额（差额一名），正式候选人名单在正式选举日一周前确定并张榜公布。社区居民委员会由5人组成，其中主任1人，副主任1人，委员3人，原则上要求总支书记、主任一肩挑，“两委”委员交叉任职，成员中应有妇女人选。居民委员会主任、副主任和委员由居民代表大会选举产生，每届任期三年。

（2）做好投票选举的准备工作。在正式选举前，工作人员准备好当选证、选票、投票箱和选举会场等。

（3）投票选举产生社区居民委员会成员，选举大会设监票员、唱票员、计票员数名，由社区居民委员会提名，并在选举大会上通过。选举工作按法定程序进行，选举结果当场公布，并颁发省民政厅统一印制的当选证书，发布选举公告。

（4）推选居民小组长。

（5）培训新当选的居民委员会成员。

2002年安邦社区居委会产生。安邦村24岁的杨云龙以85票的最高票当选安邦社区居委会主任，25岁的马德刚以

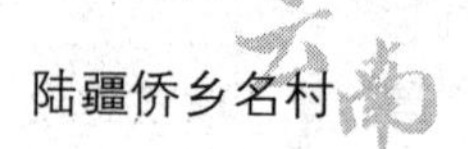

58 票当选居委会副主任，白琳、马四、高琼分别以 58 票、37 票、35 票当选安邦社区居委会委员。其中，妇女干部 2 人，少数民族干部 5 人。

2005 年新跑马路社区居委会产生。原跑马路社区主任高伟明被推选为新一届跑马路社区居委会主任，高云被推选为副主任，高伟福、白正能和白琳被推选为委员。其中，妇女干部 3 人，少数民族干部 4 人。高伟福和白琳为安邦村人。

2008 年新跑马路社区第二届居委会产生。高伟明在全体 35 名居民代表到场的前提下，以 34 票再次连任新一届跑马路社区居委会主任一职，白琳以 30 票被推选为居委会副主任，白正能、李元芬、徐秀红分别以 31 票、27 票、25 票被推选为新一届居委会委员。其中，妇女干部 4 人，少数民族干部 4 人。

（三）第三阶段：社区党（总）支部换届

社区党组织换届选举，全面推选“两推一选一公示”（党员推荐、群众推荐、党内民主选举、考察对象公示）。

1. 准备调查工作

有关人员调查摸底、掌握社区党组织和党员队伍现状，制定社区党组织换届选举工作方案，召开动员会并采取多种形式宣传社区党组织换届选举的重要意义和主要做法，公布党组织领导班子成员职务数和任职条件，动员广大党员和群众积极支持参与这项工作。

2. 初步候选人的产生

在镇党委的领导下，由社区党组织党员和居民代表在符合任职条件的人选中民主推荐新一届党组织领导班子成员初步候选人。社区总支委员会由5人组成：书记1人，副书记1人，委员3人。原则上要求总支书记、主任一肩挑，“两委”委员交叉任职。镇党委对民主推荐的初步候选人进行审查，并根据“两推”情况和党（总）支部意见，按照候选人人数多于应选人数20%的比例确定初步人选并进行考察，考察人选报县委组织部原则同意后，向社区党员群众公示，时间五天。

3. 大会选举

召开党（总）支部大会或党员代表大会，镇党委考察确定的候选人建议名单提交大会酝酿讨论，并根据多数党员的意见确定正式候选人名单。党员或党员代表以无记名投票差额选举方式选出新一届党（总）支部委员会。选举结果报镇党委审批，经同意后张榜公布。

以下为2002年安邦社区党员大会选举办法（草案）。

《中国共产党迤萨镇安邦社区党员大会选举办法》（草案）

（2002年10月中国共产党迤萨镇安邦社区党员大会通过）

一、根据《中国共产党章程》和《中国共产党基层组织选举工作暂行条例》及上级党委的有关规定，制定《中国共产党迤萨镇安邦社区党员大会选举办法》。

二、经镇党委研究决定，中国共产党迤萨镇安邦社区支部委员会由5名组成，其中设党支部书记1名，副书记1名，党支部委员3名。本次大会候选人差额1名。

三、本次党员大会采用间接选举，党员大会选举产生本支部委员会委员，后由支部委员会选举产生支部书记、副书记。选举的组织工作由镇党委委派镇党员领导干部负责。

四、安邦社区党支部书记、副书记、委员的候选人，由镇党委提名并提交党员大会酝酿讨论，并根据多数党员的意见确定正式候选人名单，提交党员大会进行选举。

五、大会选举采用举手表决或无记名投票的方式进行，候选人按照姓氏笔画排列。

六、正式选举时，参加选举的代表必须超过应到会党员的五分之四，方可进行选举，收回选票等于或少于发出的选票，选举有效；收回选票多于发出的选票，选举无效，应重新进行选举。候选人得到的赞成票超过实到会党员的半数为当选。当选人数少于应选名额时，是否另行选举由镇党委确定。

七、党员填写选票时，对所列候选人同意的在其姓名右空画“圈”，不同意的画“叉”，弃权的不画任何符号。如另选他人时，在候选人姓名空格内写上其姓名，并在姓名右边空格内画“圈”。每张选票所选人数等于或少于应选人数的有效，超过应选人数的作废。填写选票一律采用钢笔或圆珠笔，符号要准确，位置要端正。填写选票确有困难的党员，可委托他人代填，但代填人不得违背选举人的意志 。

八、会场设 1 个票箱。投票顺序是：首先监票人投票，接着各位党员依次投票。

九、选举设监票人 2 人，其中总监票人 1 人。监票人由党员推选，党员大会通过。已提名为候选人的党员不得担任监票人。监票人在大会主持人的领导下对大会选举全过程进行监督。计票人员由大会主持人指定，在监票人的监督下进行工作。计票情况由监票人公布，选举结果由大会主持人宣布，选举结果报镇党委审批。

十、大会选举不设流动票箱，请假的党员不得委托他人代替投票。

十一、本选举办法由镇党委提出，经党员大会通过后生效。

最终，2002年中共迤萨镇安邦社区支部委员会经民主选举产生：钱进雄，男，哈尼族，1964年出生，被推选为安邦社区党支部书记；杨红伟，男，汉族，1974年出生，被推选为安邦社区党支部副书记；王乔林、白福华、钱荣芬三位同志被推选为安邦社区党支部委员会委员，三人均为哈尼族，其中钱荣芬为女性。

2009年1月13日，新一届跑马路社区党总支委员换届选举开始。跑马路社区四个党支部全体党员到会参加，其中正式党员135人，预备党员12人。上届跑马路社区党总支书记高伟明在会上作了三年来的工作报告，后由迤萨镇指导组组长高黎强宣读选举工作办法。会议设总监票员、监票员、唱票员和记录员各一人。正式候选人名单共六人，分别是高伟明、张凤珍、白正能、高伟福、白琳和李元芬，实行差额选举。最终，高伟明、高伟福、张凤珍、白正能、白琳被推选为新一届跑马路社区党总支委员会成员，高伟明任党总支书记。

（四）第四阶段：健全和完善社区居委会组织体系和规章制度

社区居委会根据需要设置保障服务、治安调解、卫生环保、计划生育、文化教育等委员会，分工负责，按各自

职责开展工作。社区居委会成员同时兼任下属委员会成员。

为做好社区居委会制度建设工作，健全完善居民自治章程、村规民约、《居民代表会议制度》、《居务财务公开制度》、《社区居民议事制度》、《居民委员会定期报告工作制度》、《民主评议制度》等一系列规章制度，并提交居民代表大会审议通过后实施。

对社区居委会中的调解、治安、卫生、文教、共青团、妇女、民兵、老龄等组织，跑马路社区也结合实际情况，制定相应的工作职责和岗位目标以及相应的规章制度。

（五）第五阶段：制定任期目标规划和工作方案，搞好交接手续工作

结合社区实际制定三年任期目标规划，做出三年内推进社区建设分步实施工作方案。各社区在制定目标规划和工作方案时要立足实际、因地制宜、创造性地开展工作，不断总结适应自身特点的工作方法。新一届社区居民委员会成员产生之后，由遮萨镇人民政府组织指导上届社区居委会成员在三日内向新一届社区居委员会成员移交公章、办公设施、财务账目、经营资产、档案等有关资料和物品，认真搞好交接手续。

（六）第六阶段：做好检查验收和总结工作

由换届选举工作领导小组依据实施方案对社区换届选举工作进行检查验收，检查的主要内容有以下四点。一为是否按照有关规定依法开展换届选举工作，选举工作中是否有违法乱纪行为。二为社区居委会组织体系及各项规章制度是否健全。三为社区居委会是否制定了三年目标规划及

推进社区建设分步实施工作方案。四为是否逐步开展了社区建设，建立便民利民服务站，医疗服务站，文体活动站及警务室和社区民办非企业服务单位、志愿服务两支队伍，积极开展各种活动，推动志愿服务、助残扶弱、扶贫济困等工作的深入发展。因此，每个社区居委会要写出工作报告，报镇人民政府备案。除此之外，对社区居委会干部进行培训，并进行各类资料的整理、立卷归档工作。

二　法制建设

新的跑马路社区成立后，除了在国家法律法规规定范围内不断建立和完善社区各种相关规章制度，做到工作的开展有章可循之外，还特别针对包括安邦村在内的社区居民开展系列普法工作，着力提高社区居民的法律意识，为维护社区的社会稳定打下基础。

（一）具体措施

1. 采取多种形式，积极开展法律宣传，提高社区居民的法律意识

一是利用各种时机，积极宣传法律法规。社区居委会常利用下街道开展常规工作的机会，向社区居民宣传《婚姻法》、《森林法》、《土地管理法》、《人口与计划生育法》等法律法规。二是以黑板报的形式定期不定期地宣传，通过以案释法的方式加强宣传效果。三是针对社区暂住人口多的情况，组织社区居委会人员向暂住人口宣传《云南省暂住人口管理办法》。四是结合“12·4”全国法制宣传日和“6·26”国际禁毒日，采取标语、口号、黑板报、发放宣传物等形式，宣传宪法、省禁毒条例等法律法规。据不完全统计，社区自成立以来，共召开各种会议宣传法律法规41次，受教育群众2300人次，张贴标语口号270条，出黑板报35期。

2. 把普法工作和依法治理工作有机结合起来，推进民主法制进程

安邦村所属的跑马路社区，在宣传法律的同时，也将之与实际工作结合起来，把普法和依法治理融为一体。一是强化公民保护公物意识。跑马路社区属于红河县政府新开发的社区，县政府为了美化环境，投入资金在社区主街道两旁栽种树木，但有段时间这些树木常无故被人为砍死。为此社区专门组织工作人员挨家挨户对住户进行保护公物的宣传，并请住户留意，一旦发现情况及时报告社区。通过社区工作人员多番宣传和努力，砍伐树木的现象有所减少。二是加强对集贸市场的治理。社区辖区内有一个较大的集贸市场，平时大多数安邦村村民和其他街道的居民都到该集市买菜和交易其他小商品。由于人流量大，夜晚来集市吃烧烤的人很多，酗酒闹事、打架斗殴等现象时常出现，这一方面影响了摊贩的生意和附近居民的休息，另一方面也容易引发一些不安定的因素。针对这一情况，社区不仅制定了《社区巡逻防范制度》，而且组织工作人员不定期对集贸市场进行巡返，一旦发现有人闹事，及时制止，对不听劝阻的扭送派出所。通过加强治理，集贸市场的社会治安环境得到控制。三是依法推行账务公开制度，接受群众监督。账务公开制度是基层依法治理的重要内容，社区每半年以黑板报的形式向群众公布社区居委会的收支账务，接受群众监督。四是公平公正地调解村民纠纷。在调解纠纷的过程中，做到向当事人宣传法律法规，公正地解决双方矛盾。新社区成立三年来共调解村民纠纷126起。

3. 制定相关制度，如《跑马路社区普法工作制度》、《跑马路社区学法制度》等

社区规定每年普法领导小组必须召开两次会议，每季度组织社区党员、居民、青少年参加学习有关法律法规一次，争取参与学习率达60%以上，并把该项工作纳入社区的年终考核目标责任制中。

（二）存在的问题与解决办法

存在的问题：一是普法经费和装备不足，在一定程度上制约了普法工作的开展；二是普法宣传资料缺乏；三是普法的工作力度不够，村民们的法律意识仍需要进一步加强。

解决办法：社区要充分调动一切积极因素，动员全社会力量继续深入进行普法教育；以黑板报为媒介，专门开辟法制专栏，定期向居民宣传法律法规；组织民间艺术团，自编自演法制类节目，寓教于乐，以村民易于接受的方式向他们宣传法律。

第三节　规章制度

安邦村无论是安邦社区时期还是划归跑马路社区时期，都建立了比较完备的各种社区工作和管理的规章制度，例如，安邦社区时期建立了《安邦社区自治章程》、《社区居民委员会居务公开制度》、《居民委员会工作制度》、《协调议事委员会工作制度》、《安邦社区资源共享公约》、《安邦社区居民公约》等一系列规章制度，跑马路社区时期除上述各项规章制度外，还建立了《社区值班工作制度》、《社

区巡逻防范制度》、《社区矛盾纠纷排查制度》、《社区卫生清扫制度》等一系列制度。其中大多数照搬了国家各项成文法规或政策中的内容，只有很少的部分是结合社区实际建立的。下面是对社区现有的各项规章制度的部分摘录。

《红河县迤萨镇安邦社区自治章程》

第一章 总 则

第一条 根据《中华人民共和国宪法》、《中华人民共和国城市居民委员会组织法》、《云南省实施〈中华人民共和国城市居民委员会组织法〉办法》等法律、法规的规定，为发扬民主，依法自治，促进本社区物质文明和精神文明建设，结合社区实际，制定本章程。

第二条 社区居民委员会（以下简称社区居委会）是社区居民自我管理、自我教育、自我服务的基层群众性自治组织。坚持公平、公正、公开的原则，实行民主选举、民主决策、民主管理、民主监督。依照国家法律和居委会的职责，自主管理本社区的公共事务和公益事业。

第三条 为做好本社区范围的自治工作，社区居委会根据国家法律、法规及本章程，结合实际，制定各项规章制度、居民公约等实施细则。所制定的管理制度和居民公约等，不能与国家法律、法规和政策相抵触。

第二章 组织治理机构、人员配置及其职责

第一节 社区居委会的机构及人员配置

第四条 社区居委会主任 1 名、副主任 1 名、委员 5

名，共7人组成，经社区居民代表会议选举产生。每届任期三年，可以连选连任。居委会成员依法应实行差额选举。选举由居民选举委员会主持。居民选举委员会成员由居民会议或各居民小组推选产生。

全体居民必须服从社区居委会的管理，支持社区居委会的工作。罢免社区居委会成员，须有本社区五分之一以上有选举权的居民提出罢免理由和要求，并经居委会议投票表决过半数通过，方能生效。缺额应依法补选。被提出罢免的社区居委会成员有权提出申辩意见。任何组织和个人不能制定、委派或随意撤换社区居委会成员。社区居委会成员的补贴由县财政支付。

第五条　社区居委会根据工作需要，下设人民调解、治安保卫、公共卫生、计划生育、社区服务管理等委员会，分工负责，按各自职责开展工作。社区居委会成员可兼任下属委员会成员。

第六条　居民小组，由各小组有选举权的居民推选出组长、副组长，负责本小组的事务。居民小组根据选举委员会分配的名额，推选产生居民代表，居民代表履行代表职责，协助居民小组长和副组长工作。

第二节　社区居委会的职责和任务

第七条　社区居委会的职责是：遵守国家的法律、法规和政策，认真履行职责，协助县人民政府或者迤萨镇开展工作，管理社区事务，全心全意为人民服务。

第八条　社区居委会的任务：

1. 宣传宪法、法律、法规、规章和国家的政策，维护本社区居民的合法权益，教育社区居民遵纪守法，自觉履行依法应尽的义务。

2. 贯彻执行社区居民会议的决定、决策和居民公约。

3. 组织开展社区服务工作。

4. 办理本社区的公共事务和公益事业。

5. 开展社会主义精神文明建设活动，教育社区居民爱祖国、爱劳动、爱科学、爱社会主义、移风易俗、尊老爱幼、扶贫济困、助残扶弱、团结互助。

6. 调节民间纠纷，促进家庭和睦、邻里团结。

7. 协助公安、司法机关和有关部门开展社会治安综合治理工作。

8. 协助县人民政府或者其他的派出机关，做好与社区居民利益有关的公共卫生、环境保护、计划生育、优抚救济、青少年教育等项工作。

9. 向县人民政府或者其他派出机关反映社区居民的意见、要求和建议。

第三节　社区居民会议

第九条　社区居民会议是社区居民表达自己意愿的组织。社区居民会议的主要职责是选举产生、罢免、补选社区居委会成员，审议通过社区发展规划、社区居委会年度工作报告、重大事项和社区居委会自治章程。参与民主管理，体现民主自治。对社区的重大事项实行民主议事、民主管理、民主决策、民主监督。

第十条　社区居民代表由本社区 18 岁以上有选举权和被选举权的居民代表、驻社区单位代表组成。社区居民代表由居民小组推选产生。驻社区单位代表由单位推荐。居民代表和驻社区单位代表总数一般不超过 50 人。社区居民代表每届任期三年，可连选连任。社区居民代表出现缺额或代表本人有正当理由提出撤换申请的，由居民小组和驻社区单位补选产生。

第十一条　社区居民代表有以下权利：

1. 选举权和表决权。参加社区居民会议，投票选举和罢免社区居委会和社区协调议事委员会成员。对提交居委会会议审议的议题进行表决。

2. 监督权。对社区居委会的各项工作进行监督，并有权提出质疑和批评意见。对社区居民代表的意见社区居委会予以说明、解答和处理。

3. 调查权。经社区居委会会议授权和委托，居民代表有权对社区居委会的某项工作进行调查。社区居民和驻社区单位应为代表进行调查工作提供条件，并自觉接受调查。

4. 提出议题权。社区居民代表可单独或联名向社区居委会提出议题。对代表提出的议题，社区居委会应给予妥善处理和反馈，重大议题可提交社区居民会议审议。

第十二条　社区居民代表的义务：

1. 联系社区居民，及时向社区居委会反映居民意见。维护社区居民的正当权益。

2. 学习、宣传和遵守国家法律、法规和政策，教育居民遵纪守法，自觉履行居民应尽的义务。

3. 宣传、贯彻社区居民会议的决定、决议，团结广大居民和驻社区单位，自觉维护社区居民会议的权威。

4. 按时参加社区居民会议，并认真审议会议议题。无正当理由不得缺席会议。

5. 积极协助社区居委会做好各项工作，在社区建设中发挥模范带头作用。

第三章　社区协调议事委员会

第十三条　社区协调议事委员会属议事机构，成员由居民代表、驻社区单位代表、人大代表、政协委员、社会知名人士、各级领导等方面人员组成，经社区居民代表会议选举产生。

第十四条　社区协调议事委员会的职责：

1. 对社区建设的重大问题，提出意见、建议。就公众关心的问题进行协商，并向社区居民代表会议和社区居委会反映情况。

2. 对社区居委会、驻社区单位、县政府各个部门提出意见、建议，进行民主评议，实行社会监督。

3. 协调社区各级组织和单位的关系。

第十五条　社区协调议事委员会及其成员应履行的义务：

1. 密切联系广大居民和社区单位，认真听取意见并及时反映给社区居委会，发挥桥梁和纽带作用。积极发挥协调议事作用，帮助社区居委会协调解决工作中的困难和难题。

2. 宣传、贯彻社区协调议事委员会和社区居委会的决定和决议。发挥自身优势，广泛动员社区居民和驻社区单位参加社区建设。

3. 按时参加社区工作会议。

第十六条　社区协调议事委员会一般每季度召开一次工作会议。遇有重大问题可临时召开。

第十七条　社区协调议事委员会工作议题，由社区协调议事委员会成员联名提出，也可由社区居委会提出。

第十八条　社区协调议事委员会会议程序：

1. 有三分之二以上成员到会，方能开会。

2. 协调议事委员会主任提出会议议题。

3. 由社区居委会主任汇报上次会议决定、决议执行情况。

4. 到会成员对会议议题充分发表意见，综合形成决定、决议。

5. 表决通过决定、决议，到会成员过半数通过方为有效。

6. 由社区居委会将会议资料立卷归档。

第三章　经济

第一节　侨乡马帮商贸

一　侨乡马帮商贸

侨乡或侨村的形成，和安邦村马帮商贸密不可分。清朝末年，安邦村有人跟随迤萨镇人到越南和老挝的山区经商。安邦村的邵恒泰第一个在老挝侨居下来，成为安邦人在老挝定居的第一位华侨。民国年间，一度出现“下坝子”和“走烟帮”的热潮。包括安邦在内的迤萨人纷纷组织马帮辗转异国他乡经商，不少人先后在老挝、越南、泰国侨居，成为当地的第一代华侨。20 世纪 70 年代后期，越南、老挝当局反华排华，许多侨胞沦为难民，他们迫于生计，陆续移居欧美、日本。这些华侨与侨居国的人民长期和睦相处，互相通婚，繁衍后代。广大华侨在侨居国不忘自己是炎黄子孙，他们坚持正义，爱国爱乡，对当地人民以诚相待并与之友好相处，共同建设家园，为促进中外物资、文化交流，发展爱国统一战线作出了贡献。

马帮文化中“下坝子”和“走烟帮”的形成，都有相应的历史遗迹（见图 3－1、3－2）。侨村安邦人如今还有养

图 3－1　侨村安邦的“拴马桩”

图 3－2　侨村安邦的“门当（鼓）”

图 3-3 侨村村民饲养的马匹

马的习惯（见图 3-3）。

清代乾隆和道光年间，迤萨两度开采冶炼铜矿。据说，后因森林采伐殆尽，炼铜所需的木炭无源，还有炼铜的一种催化剂——稀土采绝而被迫停产。这样一来，铜矿倒闭，工人失业，为寻找生路，人们相约合股，于清代咸丰三年（1853 年）抛妻离子，远道至猛野井（今江城县地）开采盐矿，将所采食盐以骡、马驮运到中国—老挝边境出售，暂时维持生活。由于那里气候恶劣，疫病肆虐，人马染病者众多，不久被迫停业。为闯出路，人们继而转向中国—老挝、中国—越南、中国—缅甸等边界做贸易生意。至清代光绪末年，安邦村有人跟随迤萨人继续试探着向老挝境内的琅勃拉邦山区深入，也有部分人马进入越南莱州。经几次往返，财源随之日盛。其间，生意日趋红火，往返于迤萨与老挝、越南驿道上的马帮络绎不绝。因为越往老挝、越南内地，地势越平缓，坝子越宽阔，故迤萨人称到这些国家做生意为“下坝子”。

进入民国时期，政府开始禁烟，烟价暴涨，有不少内地商人到迤萨采购大烟，因为迤萨为江外偏僻之地，政府鞭长莫及。安邦村的商人们认为机不可失，于是将资本转到大烟生意上来。除在本地采购土司地区的大烟外，安邦商人相互约股合资，组成马帮，初到墨江一带采购大烟驮运回来转销。随着资本的逐步增多，股份和人马规模日益扩大，帮子越来越壮大。采购路线也逐渐向澜沧、耿马扩展，进入缅甸境内的景栋，进而直下泰国。为了经商，有部分人索性在这些国家定居下来，便成了华侨，这就是“走烟帮”的由来。

1914～1951年，包括安邦村民在内的迤萨人掀起了“下坝子”和“走烟帮”的高潮。当时整个迤萨地区从资本雄厚的老板到一般老百姓都纷纷入股，有钱的出钱，无钱的出人马，有枪的出枪，按股分红，盈亏均摊。有的马帮达百余人，骡马两百余匹，资金数十万元。直到新中国成立时，大烟生意才开始走向萧条，有的商人定居国外，转做其他生意。因当时交通不便，行路十分艰苦，钻草窠、穿刺蓬、过箐沟、走险路、过大江、踏小河、经风雨、染瘴疾，有的没走到目的地就路死山头，有的转不到家就病亡异乡。这段艰辛的历史足以让今天的安邦人、迤萨人乃至红河人铭记于心。[①]

二　马帮商贸路线

（一）“下坝子”的主要路线

1. 迤萨到老挝琅勃拉邦的路程，需要35～40天

途经的地区和村寨：红河（迤萨、窝伙垤、浪施、阿

① 侨乡马帮商贸历史来源于红河县旅游局《红河县迤萨镇安邦村古民居建筑调查报告》（2008年）。

爬村、罗觉坝)，绿春（鹿角菁、撒马大水沟、半坡寨、攀枝花、李仙江渡口)，江城（李仙江坡头、大路边、猛野盐井、整董、漫汤)，勐腊（会瓦、象庄田、曼半、曼晏、勐伴、勐腊、尚得、尚勇、边关、董棕包)，老挝（漫东、黄土、富埃山、甘地龙开、渡边南乌江、爬厅、爬都、得莫鲁、琅勃拉邦)。

2. 迤萨到老挝琅勃拉邦的路程，需要30～35天

途经的地区和村寨：红河（迤萨、窝伙垤、阿爬村、罗觉坝)，绿春（鹿角菁、撒马大水沟、半坡寨、攀枝花、李仙江渡口)，江城（李万寨、猛瓦大河)，老挝（五银匠、阿老痞、黄青草、海闹、风吹黄土、普弄山、爬榜、普闷、普波、爬都、得莫鲁、琅勃拉邦)。

3. 琅勃拉邦到昆明的路程，需要12～14天

途经地区：琅勃拉邦（坐汽船)，永珍（坐汽船)，沙湾（坐汽车)，宜安（坐火车)，河内（坐火车)，老挝（坐火车）河口（坐火车)，开远（坐火车)，昆明。

4. 迤萨到老挝川圹A线的路程，需要40～50天

途经的地区和村寨：红河（迤萨、窝伙垤、浪施、阿爬村、罗觉坝)，绿春（鹿角菁、撒马大水沟、半坡寨、攀枝花、李仙江渡口)，江城（李仙江坡头、大路边、猛野盐井、整董、漫汤)，勐腊（会瓦、象庄田、曼半、曼晏、勐伴、勐腊、尚得、尚勇、边关、董棕包)，老挝（漫东、黄土、富埃山、甘地龙开、渡边南乌江、爬厅、爬都、得莫鲁、琅勃拉邦、苏尾、腊博、腊红、川圹)。

5. 迤萨到老挝川圹B线的路程，需要20～24天

途经：迤萨，斐脚（坐船)，河口（换船)，老街（坐船)，河内（坐火车)，宜安（坐汽车)，川圹。

6. 遮萨到老挝桑怒

途经的地区和村寨：红河（遮萨、勐龙、甲寅、哈浦），绿春［上绿春、下绿春、者米河、者米茨坝（骑马坝）、半坡寨、坝流小渡口、东村］，江城（江城、麻力寨），老挝（仙里里、瓦钢梁子陈老痞、小黑江、南乌江、蓬戴河、蓬戴寨、猛虎、窝尼小寨、坡头大象、阿卡大寨、大花寨、苗子大寨、老象小河、老象坡苏兵寨、苏兵大河、南焉大河、老虎场、海闹大河、海闹、扒梯小河、扒梯、猛优苗子撒拉、苗乡大象、班纲、桑怒）。

7. 老挝桑怒到中国昆明的路程，需要 14～15 天

途经地区和村寨：桑怒，火烧寨，勐拉，沙坝勐半，勐罕，曼脚，左坡（坐汽车），河内（坐火车），老挝（坐火车），河口（坐火车），开远（坐火车），昆明。

8. 昆明到遮萨的路程，需要 10～11 天

昆明（坐轮船），昆阳，玉溪，黄水塘，坡脚（化念），杨武青龙厂，元江（坐船），普飘（坐船），斐脚，遮萨。

9. 昆明到遮萨的路程，需要 7～8 天

昆明（坐火车），开远（坐火车），建水官厅，一碗水，杨泗渡口，垤培，遮萨。

10. 遮萨到越南莱州 A 线的路程，需要 12～14 天

途经地区和村寨：红河（遮萨、利莫、垤施、哈浦），绿春（上绿春、下绿春、三勐、略卡、坪河），越南（都鲁、勐底、勐蚌、莱州）。

11. 遮萨到越南莱州 B 线的路程，需要 7～8 天

途经：遮萨，斐脚（坐船），河口（换船），老街，沙巴，莱州。

12. 浪堤到越南莱州的路程，需要18～20天

途经的地区和村寨：红河（浪堤、架车、阿爬村），绿春（阿拿村、碧区、大水沟、马冲大田），江城（江西村、江城、老虎寨、帮背），越南（白牛河、勐玉、勐花、勐茼、莱州）。

13. 迤萨到缅甸的路程，需要20～21天

途经的地区和村寨：红河（迤萨、大水塘），元江（石屏寨、都鬼），墨江（酒房、南谷河、老箍桶、仙人渡），普洱（背阳山、铁厂河、老陈居旧家、伞便房、蛮龙山），沧源（铅厂、蛮堆、岩帅），缅甸（缅甸边境山区）。

（二）“走烟帮”的主要路线

1. 迤萨到岩帅的路程，需要18～20天

途经的地区和村寨：红河（迤萨、大水塘），元江（南昏、石屏寨、都鬼），墨江（酒房、南谷河、仙人渡），普洱（背阳山、铁厂河、老陈居旧家、蛮龙山），景谷（益香井、迁茅坝、双汇渡），沧源（铅厂、蛮堆、岩帅）。

2. 迤萨到新曼蚌的路程，需要21～23天

途经的地区和村寨：红河（迤萨、大水塘），元江（仲白、石屏寨、都鬼），墨江（靠腊、土堆、土掌街、隋夫），普洱（通关、绿差林、背阴山、界碑、窝尼大寨、铁厂河），景谷（麻栗大寨、益香井、瘴气河大蚌江、白木箐），澜沧（新曼蚌）。

3. 迤萨到川圹的路程，需要22～23天

途经的地区和村寨：红河（迤萨、大水塘），元江（仲白、石屏寨、都鬼），墨江（靠腊、土堆、土掌街、隋夫），普洱（通关、绿差林、背阴山、摸坡、界碑、铁厂河），景谷（麻栗大寨、澜沧江），双江（川圹）。

4. 迤萨到耿马城

途经的地区和村寨：红河（迤萨、大水塘），元江（仲白、石屏寨、都鬼），墨江（靠腊、土堆、土掌街、隋夫），普洱（老箍桶、通关、绿差林、背阴山、摸坡、界碑、铁厂河、麻栗大寨），景谷（益香井、光山、迁茅坝、澜沧江），耿马（勐永、勐撒、勐戛、耿马城）。[①]

第二节　村寨经济

一　概况

今天的安邦村，由于受到先辈马帮商贸文化的影响和人均耕地不足等现实条件的制约，除了从事农业生产之外，越来越多的村民开始走出村外，转向建筑、交通运输、批发零售、住宿餐饮等其他领域和行业，自己做生意或者给别人打工已成为安邦村村民继从事农业种植之外赖以维生的主要方式。

安邦村现有耕地面积1289亩，人均耕地1.03亩；林地2650亩。全村辖8个村民小组，有农户194户，乡村人口1256人，其中农业人口855人，劳动力568人，从事第一产业人数498人。2008年全村农村经济总收入402万元，其中，种植业收入194万元，约占总收入的48%；畜牧业收入39万元，约占总收入的10%，年内出栏肉猪210头，

① 据王建生《红河人开辟东南亚商路》[载《红河文史集粹》（中册），民族出版社，2005] 以及调研材料整理而得。

肉牛65头，肉羊50头，鸡、鸭等禽畜200只；渔业收入19万元，约占总收入的5%；第二、三产业收入137万元，约占总收入的34%。安邦村主要发展甘蔗、木薯种植业，甘蔗主要销往县白糖厂，木薯销往县红枫淀粉厂。2006年甘蔗、木薯产业全村销售总收入100万元，占全村农村经济总收入的29%。①

从上面的数据可以看出，尽管安邦村从事农业等第一产业的人数不到全村人口的一半，但以农业生产为主的第一产业的收入仍是整个安邦村经济的重要来源。然而，安邦村在2000年以前由于人均耕地不足0.5亩，村民们虽然日出而作日落而息，但仅靠人均不足0.5亩的土地却难以解决温饱问题。安邦村党支部于是号召党员干部带头开荒山，种植经济果木，带领农民致富。当时身为安邦村村民小组长也是共产党员的郭宗柱就是其中的优秀代表人物。郭宗柱贷款2500元，带头承包了180亩荒山，种植上了芒果、荔枝、龙眼等经济水果，果实成熟当年就收入了10万元，成为安邦村远近闻名的种植大户，并被评为全国劳动模范。正是通过树立典型、以点带面的方式，鼓励农民开发荒山种林果，2000年底，全村共开发荒山1979亩种植甘蔗、芒果、荔枝等，实现收入150万元，其中甘蔗种植面积最大。②

安邦村除了部分村民以农业生产为生之外，外出务工是很多家庭维持生计的主要方式，多分布在建筑业、餐饮

① 安邦村经济数据来源于云南数字乡村网，安邦村村级网站，http://www.ynszxc.gov.cn/szxc/villagePage/vIndex.aspx?departmentid=195086，2009-5-21。

② 数据来源于《2000年度安邦村申报省级文明村的情况汇报》。

业、交通运输业、批发零售业等领域。由于地少人多，很多种植户在农闲时也会外出打点零工来贴补家用。在安邦村有一个普遍的现象，就是土地流转比较频繁。一些农户把自己承包的土地以“分边”或者收租的方式再次转租给别人，自己靠转租收入和外出务工的收入生活。所谓“分边”，就是转租土地的双方通过协商来对以后土地上收获的农作物进行分配的方式，也即一方出土地，一方出劳动，然后再对农产品进行分配，双方互惠互利。在对安邦村随机 50 户村民的问卷抽样中，土地流转的案例共有 24 例，占到调查总数的近一半（见图 3－4）。土地之所以流转，有很多方面的原因，但主要原因是安邦村位于迤萨镇县城边上，近些年受到城镇经济的影响，很多农户纷纷开始转为从事第二、第三产业。2008 年底，安邦村村民签订农业承包合同 201 份，承包农村土地 893.13 亩，其中流转土地 52 亩。

图 3－4　调研人员采访安邦村民

安邦村几乎没发展什么工业，至今为止，安邦村没有兴办任何一家工厂，也没有成立任何一家企业。个体经济和私营经济早些时候也发展得比较缓慢。21 世纪初，当时的安邦村村委会为了改变这种局面，多次召开群众会议，积极宣传经商政策，鼓励村里的群众进城或者就地开办各种经营点，发展建筑和交通运输等行业。当时还确立了“发展一个个体户，多出一户富裕户，解决几个就业人口”的指导原则，充分鼓励村民发展个体和私营经济。2004 年，安邦村从事建筑、交通运输、批发零售、住宿餐饮等的人数达到 106 人。[①] 今天的安邦村，越来越多的人开始从事个体经济。自己做生意或者给别人打工已成为安邦村村民继从事农业种植之外赖以维生的主要方式。

二　种植业

安邦村的水田大多集中在曼板、勐甸一带，离村寨较远，部分村民就把水田转租给当地的傣族人栽种粮食，根据水田的大小收取一定的租金，或者以“分边”的方式获得粮食。安邦村现有的 1000 多亩耕地除平时主要栽种水稻、玉米等粮食作物外，越来越多的农户开始种植经济价值较高的甘蔗、木薯、芒果、香蕉等经济作物。2003 年，安邦社区又根据当时市场的需求，指导村民种植改良后的甘蔗品种水果甘蔗 200 亩，冬早蔬菜 260 亩；[②] 2006 年，安邦村甘蔗种植业经济收入达 189 万元，其他粮食总产量 26 万公斤，冬早蔬菜 267 亩实现经济收入 94 万元。[③] 以下为安邦

---

① 数据来源于安邦社区《2004 年农村经济统计综合年报表》。

② 数据来源于《安邦社区 2003 年工作总结》。

③ 数据来源于《跑马路社区 2006 年工作总结》。

村几种主要的农作物种植情况。

（一）水稻种植

安邦村的常用耕地中，水田约有393亩，分布在有水源的坡地上，传统是以栽种水稻为主的。其中杂交稻最多，其次为籼稻和粳稻，糯稻栽种得最少。种植水稻要经过选种、育秧、栽秧等几个环节，其间还要穿插着犁田、耙田、施肥的过程。每年秋季稻谷成熟时，农户们会在稻田中选择颗粒饱满的谷穗单独存放下来，留作来年的谷种，这些谷种到来年农历正月间，就可以供育秧使用。育秧时，将选出的谷种泡在水里约一个星期，用塑料薄膜捂出芽后再移栽到专门培育秧苗的一小块稻田中继续培育。有的哈尼族老百姓捂秧苗时会用特殊的用牛屎糊过有保温功效的箩筐来捂。培育秧苗的期间，撒秧的数量以及田里的积水情况都需要细心的把握，育秧的水田里的水不能太多，否则容易影响秧苗的生长质量。等到秧苗长到一定程度的时候，就可以将秧苗栽种到水田中。栽秧是最繁忙的步骤，男女老少和左邻右舍多人同时配合劳动。犁田和耙田也有讲究，一般是在上一季稻谷收割之后紧接着就要犁一次田，目的是将已收割稻谷的根犁翻在田里为后面栽种的稻谷作肥料；在撒秧之前进行一次犁田和耙田，为栽秧做准备；栽秧过程也需要犁田和耙田。稻田的施肥也有规矩：首先底肥要施足；其次一般要两次追肥，第一次是在栽下的秧苗活过来之后，第二次则是在水稻分枝但没有抽穗之前。

（二）甘蔗种植

21世纪初，安邦村开始大规模推广甘蔗种植。2004年，甘蔗种植达到 350 亩;[1] 2006 年，又完成水果甘蔗种植 205 亩（见图 3－5)，实现经济收入 189 万元。[2] 在调查中，我们也发现安邦村的大多数农户的水田或者部分旱地以甘蔗种植为主。每年甘蔗成熟后，主要销往红河县白糖厂，甘蔗由白糖厂分等级定价，2009 年甘蔗的收购价格在每吨 200 元左右。农户种植甘蔗年产量在6 吨～10吨之间的居多，每户甘蔗种植收入平均下来 2000 元左右。据当地村民介绍，由于甘蔗统一收购，销售有保证，进入市场比较方便，所以很多家庭在水田种植上还是倾向于甘蔗种植。2008 年跑马路社区还出面协调资金，改造公路，方便蔗农的运输。但近两年由于化肥提价，甘蔗成熟时请帮工的工钱也提高，种植甘蔗的实际收入扣除成本后，每亩纯收入在 75 元左右，人均不足 200 元，甘蔗种植的收入仅够维持一般的生计，并不能对提高家庭的经济生活水平起实质性作用。

图 3－5　安邦村村民栽种的水果甘蔗

① 数据来源于安邦社区《2004 年农村经济统计综合年报表》。

② 数据来源于安邦社区《2006 年农村经济统计综合年报表》。

甘蔗种植技术简单介绍一下。施肥以基肥为主，追肥为辅。基肥每亩施农家肥 5～6 立方米，或者施优质粪肥和饼肥 750～1000 公斤、尿素 50 公斤、过磷酸钙 50 公斤、硫酸钾 50 公斤。种蔗先用清水浸泡 12 小时，再用 50% 多菌灵或 50% 甲基托布津 600～800 倍液浸泡 4 小时，捞出稍凉后用塑料布盖严，放置在朝阳处升温。催芽需要 3～5 天，芽长 1～3 厘米时播种。地膜覆盖栽培适播期在 3 月中下旬，将甘蔗种去梢，去皮，切段，每段 3～5 个芽眼。开沟播种，沟深 8～10 厘米，按大小行播种，大行距 150 厘米，小行距 50 厘米，株距 40～50 厘米。播种时，种芽向上或朝向两侧平放，盖土 4～6 厘米厚。采用地膜加中小拱棚覆盖保护栽培，一膜盖两行。前期要加盖草苫防寒增温，出苗后及时破膜，每墩留健壮苗 4～5 个即可。适时浇水与追肥，在水肥充足的条件下，8～9 月植株基本长成。第一次追肥在 7 月上旬甘蔗长出 5～6 片叶时进行，第二次追肥在 8 月上旬植株有 8～10 张叶片时进行，每亩每次追施尿素 20 公斤，结合追肥浇水。苗期管理以提高地温促进早发为主；中期水肥齐攻，保持土壤湿润；后期以稳长为前提，以促进糖分转化和积累；收前进行数次中耕除草，结合追肥培土。覆膜前喷施除草剂防治草害，中后期严重时用克无踪或草甘膦等喷雾，但切忌将药液喷洒在叶片上 。病虫害防治结合耕地用甲拌磷或 3% 呋喃丹、5% 涕灭威颗粒剂对土壤进行处理。在 7 月上中旬和 8 月上中旬，用菊酯类农药喷雾防治钻心虫。收获在 10 月底以前进行。

（三）芒果种植

由于安邦村地处热带地区，很多家庭都栽种了芒果等经济水果。农村经济统计综合年报表上的数据显示，2004年时安邦村共栽种了650亩芒果树。然而，如今与甘蔗种植相比，芒果种植的效益就不那么尽如人意了。据当地村民介绍，由于不像甘蔗那样有专门的机构收购，芒果栽种出来后销售成了最大的问题。前些年还有一些私人老板来收购，但这几年随着芒果产量的增加以及外地芒果品种的冲击，来本地收购芒果的私人老板越来越少，安邦村的老百姓栽种出来的芒果只能自产自销。而且安邦村栽种芒果的旱地多集中在海拔500～900米的半山坡上，离县城还有一段很长的距离，芒果进入市场相当不方便，而且请人帮工或用车运输都需要花钱，2008年芒果价格又偏低，所以很多栽种芒果的果农尽管有好收成但没有好收入。

案例3－1

住安邦塘子旁的郭忠祖，一家5口人共2亩左右的田地。其中有1亩多地因离家太远，租给了原属勐甸乡的傣族人家，剩下的4分地用于栽种蔬菜，4分地种植了100多棵当地的特产芒果。郭忠祖自己还承包了村里的安邦塘子，平时种植莲藕和养鱼。由于2008年芒果不好卖，100多棵芒果总共收入才200～300元。如果不是靠其他经济收入帮补，光靠种植芒果肯定是赔钱的。郭忠祖告诉我们，因为没有专门收购芒果的私人老板和相关组织，芒果采摘后都是自己找人运到城里自己卖，算下成本，芒果卖的价钱还不够运费的，所以很多人就干脆不去采摘芒果，让它们自行腐烂在地里。他希望政府或有关部门能出面来协调组织，在收获季节能使自己辛苦种植的芒果有个好的销路。

案例3－2

2008年39岁的李凡玉，家住安邦村117号，家里夫妻俩加上两个年幼的孩子一共四口人，两个孩子都在念书，全家人就靠现有的4分田地栽种水稻和芒果维生。李凡玉向我们抱怨道，2008年芒果收成好，但卖不上价，种芒果的人太多了，市场上芒果一元钱三斤。而且自己种芒果的地离村子五六公里，请人帮忙和用车运输都需要花钱，芒果卖的价钱还不够给工钱。2008年4分田地里栽种的芒果加上水稻的收入才600元，所以农闲时候，夫妻俩还要去城里打点零工贴补家用。

芒果种植技术以下简单介绍一下。种植芒果的土壤类型为沙质红壤土，种植前要把地里的杂草清除干净后进行全垦，充分犁耙，使土壤细碎松散，翻晒土地后再栽种。芒果种植规格为5×5米与4×5米，亩植27～33株。依据种植密度，提前挖好植穴，施足定植基肥，挖穴时，表土与底土分开堆放，植穴规格为面宽70～80厘米，底宽60～70厘米，深70～80厘米。基肥以有机肥为主，配合少量磷肥及石灰。每穴篱用腐熟有机肥（如牛粪、猪粪等肥等）25～30千克，加磷肥0.5千克，石灰0.25千克，并与表土混匀后回穴，回土后穴面高于地面15～20厘米。定植时间以雨季移植为好，一般安排在7～10月。种苗定植时，种植深度以根茎与地面齐平，回土盖过土柱上表面1.5～2厘米为准，回土压实，及时淋足定根水，直至成活。幼龄树的管理为植后苗高60～70厘米时，进行打顶，选留位置适当的一条壮枝为主枝，尔后每抽梢2次摘心、打顶，分枝各留2～3

条为副主枝。经2～3年抚管，芒果株高达1.5～1.8米，冠幅达1.5米以上，枝条数达80～100条（末级梢）。为早结果、丰产创造条件，幼树施肥，掌握“少量多次、勤施薄施”的原则。结果树的管理是此期着重抓好结果树的施肥及灌溉管理，管理上肥料的用量、种类和施肥时期均不同于幼树。结果后的果树经过结果和不断抽梢，消耗了体内的大量养分，如果不及时补充，树很快衰弱，迟迟不能抽梢，抽梢少、枝短、叶小，导致隔年结果或少结果的大小年现象，因此这次施肥以有机肥为主，配合速效肥料，施用量为全年总量的60%～80%。同时结合控制杂草压青，每株施农家肥50～60千克，磷肥0.5～1千克，在采果末期结合修剪及时篱下。此外，每年12月至来年2月因抽穗、果实迅速膨大需水量最大，此期如遇干旱，应坚持每15～20天定期灌水一次，保持土壤水分均衡，直到采摘前30天停水。芒果树常见病害为炭疽病、蒂腐病，常见害虫有芒果横线尾夜蛾（钻心虫）、蓟马、红蜘蛛。对于芒果病虫害的防治，主要执行“预防为主，综合防治”的方针。芒果采摘期为每年的3～4月，要求分批采摘。

（四）蔬菜种植

蔬菜一直是安邦村农户传统的庭院种植项目。很多家庭把蔬菜种在自家的旱地中。栽种的品种比较多，包括白菜、青菜、番茄、辣椒、黄瓜、四季豆等等，也有一部分家庭在自家房前屋后开辟出一小块菜地，种植一些常见的蔬菜瓜豆和葱、姜、蒜等配料，平时随吃随摘，非常方便。当地村民种植蔬菜，除了一部分自家食用外，更多的还是拿到当地市场上去销售。蔬菜种植在安邦村一直没有形成像甘蔗种植业那样的规模化经营，都是农户们自己决定栽种的种类，然后自己运往市场零散销售。这几年，红河县开始向全县推广冬早蔬菜的种植，安邦村也有部分农户开始种植辣椒、茄子、冬黄瓜等冬早蔬菜。2006 年，安邦村栽种冬早蔬菜 267 亩，实现经济收入 94 万元（见图 3－6）。[①]

图 3－6　安邦侨村“生态家园”

除了上述这些作物种植之外，安邦村的农户还栽种了香蕉、木薯等一些经济作物。

三　养殖业

历史上，安邦村所属的迤萨镇各族人民均有饲养家畜家禽的习惯，家畜养殖以牛、猪（见图 3－7）为主，其次是骡、马、山羊；家禽主要是鸡、鸭。另外，安邦村有 5 个

① 数据来源于《跑马路社区 2006 年工作总结》。

池塘，部分村民将之承包下来养鱼。安邦村数字乡村网上的数据显示，2008 年全村年内出栏肉猪 210 头，肉牛 65 头，肉羊 50 头，鸡、鸭等禽畜 200 只；渔业收入 19 万元，约占总收入的 5%。在调研的过程中我们发现多数村民养殖家畜家禽未形成规模，都是将之作为家庭副业补贴家用。特别是对鸡、鸭等家禽的养殖，绝大多数家庭是为了供自家人食用，只有很少的会拿去市场上出售。

图 3-7　村民家养的猪

案例 3-3

49 岁的郭报祖，是安邦村的居民，汉族，农业户口，家里有 5 分地，分别转租给外村的三户彝族村民，每年可收 2000 元左右的租金。郭报祖自己四年前在外面做建筑生意，如今承包下村里的一个池塘养鱼，每年少时可捕鱼上千斤，多时可达几吨，主要在逢年过节时集中出售，平时也供应宾馆饭店的需要。收入不错，有三层小楼。

案例3-4

54岁的杨祖林，是安邦村人，45岁，汉族，初中文化程度，家里有4口人。和村里许多村民一样，杨祖林自家在勐甸的水田转包给了当地的傣族人家，自己收取每年600元的租金，加上自家的旱地被征用，全家人的收入主要来源于地租、平时加工豆腐和养猪的收入。另外还零星种植蔬菜。杨祖林家共养了5头猪，都是以出售为主。

案例3-5

白玉妃，女，彝族，44岁，家住安邦上寨，家里有夫妻二人和一个老人，两个子女。平时丈夫在外开车，家里1亩多水田以"分边"的形式转包给当地的傣族人家，每年可分1000斤粮食。白玉妃本人平时种点菠菜、青菜、白菜等小菜出售。家里也饲养了8只鸡，不过都是自己食用。

案例3-6

郭忠祖是迤萨镇跑马路社区安邦村人，住在安邦塘子（池塘）旁的安邦七社84号，男，1956年生，汉族，小学一年级文化。和很多安邦人一样，郭忠祖是"赶马人"的后代。其父曾在国内结婚生有一子，后随安邦马帮队伍赶马帮"下坝子"到了越南，在越南和当地妇女又结婚生有一子，1956年以华侨身份携妻儿回到安邦村，后又生有三子，三子中老大即郭忠祖。

郭忠祖共有三个儿子，大儿子29岁，在昆明打工，二儿子和小儿子均赋闲在家，有时外出打工，其中二儿子28岁，小儿子27岁。红河县1980年开始土改，所以，除老大外，小的两个儿子都没有分到土地，目前一家人总共只有2亩地，其中，4分左右用于栽种蔬菜，4分左右种植了100多棵当地特产芒果，剩下的1亩多因离家太远，租给了原属勐甸乡的傣族人家。由于土地少，儿子读书又都没走出去，家庭经济困难，2008年，郭忠祖以550元一年的价格承包了安邦塘子，池塘内除种植莲藕外，还养一些鱼虾（见图3-8）。

图3-8　夫妻俩做卖藕前的准备

因种植多种农作物，又兼搞渔业，目前，郭忠祖一家一年经济总收入能达到5300元左右。开销方面，因三个儿子都没在上学，没欠贷款，全家每年在看病上花2000多元，所以收入基本能维持生活。

四　土地税费制度的变迁及影响

新中国成立后，国家实行社会主义三大改造，农村先后成立了农业合作社和人民公社改造，土地收归国家和集体所有。直到改革开放后，国家推行家庭联产承包责任制，土地重新承包到户，农户以家庭为单位向集体承包土地。安邦村所在的红河县是1980年开始推行土改的，生产队在保留集体经济必要的统一经营的同时，将土地按照人口比例承包给农户经营，各承包户向国家缴纳农业税及集体各种公共提留后，其余产品归农户自己所有。20世纪80年代一直到21世纪初，安邦村的农民都是以这样的形式经营和管理自己承包的土地的。

21世纪初，国家为了进一步减轻农民负担，在各地开始农村税费改革的试点工作，实行“三取消、两调整、一改革”，即取消乡统筹和农村教育集资等专门向农民征收的行政事业性收费和政府性基金、集资，取消屠宰税，取消统一规定的劳动积累工和义务工；调整现行农业税政策和农业特产税政策；改革现行村提留征收使用办法。云南省也于2003年开始全面推展开农村税费改革工作。2003年，当时还属于安邦社区管理的安邦村，也开始了农村税费改革的工作。安邦社区对安邦村所有农户每家土地承包状况、耕地增加和减少的面积、计税土地面积以及耕地增减的原因进行了详细的统计，并予以公布。从表3-1可以看出，截止到2003年12月15日，安邦村8个村民小组229户922人中，承包土地人口为668人，共承包耕地544亩，在计入2003年的新增加的486亩耕地和扣除减少的125亩耕地后，当年最终纳入计税的土地面积为904亩。耕地减少原因是多方面的，包括曼板河水侵毁，修建红河公路占用，修建化肥仓库、游泳池等公共设施征用，以及看守所、武装部等各部门的征用等。

表 3-1　红河县税费改革计税面积核定表（汇总表）

迤萨镇　安邦社区居委会　　　　　　　时间：2003 年 12 月 15 日

项目／组别	户数（户）	现有人口（人）	承包人口（人）	二轮承包耕地（亩）			增加耕地（亩）			减少耕地（亩）			计税土地面积（亩）		
				合计	水田	旱地	合计	水田	旱地	合计	水田	旱地	合计	水田	旱地
一社	84	337	236	172	80	92	54	3	51	35	24	11	191	59	132
二社	16	62	60	54	26	28	18		18	19	6	13	52	20	32
三社	13	44	48	31	15	16	95	3	92	13		13	114	18	96
四社	37	133	128	99	47	52	40	3	37	26	6	20	113	44	69
五社	22	97	59	51	24	27	45		45	4	4		91	20	71
六社	15	72	54	56	29	27	38	1	37	2	2		92	28	64
七社	14	54	39	40	19	21	7	1	6	7	1	6	40	18	22
八社	16	58	44	41	20	21	3	2	1	19		19	25	22	3
居民	12	65					186		186				186		186
合计	229	922	668	544	260	284	486	13	473	125	43	82	904	229	675

注：数据由跑马路社区提供。

这次税费改革对于减轻农民负担、规范农村税费制度起到了一定作用。2004 年初政府再次出台新的政策，即从 2004 年起农业税每年降低一个百分点，五年内全面取消农业税。这一新的政策对于当年人均年收入仅 1808 元的安邦村农民来说无疑是个好消息，再次减轻了农民的负担。但这一新政策的出台同时也对安邦村 2004 年以前按旧的标准和村民签订的部分土地承包合同该如何执行产生了冲击。2004 年 11 月，安邦村就曾出现过一起由于国家农业税调整而引发的村民纠纷，这起纠纷经过当时安邦社区人民调解委员会的调解，还是没能达成和解协议。

案例3－7　2004年安邦六社关于缴纳农业税引发的一起纠纷

安邦六社有一块集体的机动田在曼板，几年前承包给了安邦五社的社长郭玉荣。当时签订承包合同时，合同期约定为30年，合同书上约定承包方郭玉荣只需承担公余粮缴纳任务，即将承包费转换成公余粮的形式来缴纳农业税。几年来郭玉荣都按合同书上的协定承担着六社公粮的缴纳责任，并没有给集体土地被占用的六社农户其他补偿，农户们也无异议，双方一直相安无事。2004年国家新政策出台，农业税每年将降低一个百分点，五年内将全部免除农业税。这一政策出台后，问题也随之而来。

六社的农户认为，按国家新的政策每年降低一个百分点直到五年后全面取消农业税时，郭玉荣到时不用缴公粮了，那么他将以什么样的方式因使用这块集体土地而对六社的农户进行补偿呢？而郭玉荣则认为，即使五年后免除一切农业税，按照合同的规定，他将有权继续无偿地耕种这块土地直到合同期满，合同期间有任何国家土地政策的变化，他愿意承担这块土地因政策变化而产生的后果。郭玉荣表示，按合同规定，他不用给六社的农户其他补偿。双方由于意见不一致，都希望社区能对这起纠纷进行调解。

2004年11月5日，在安邦社区会议室内，社区居委会调解人员、当时的遮萨镇纪委副书记张红云、安邦六社的全体农户以及郭玉荣参与了这次调解。调解过程中，又出现新的问题：就是当年郭玉荣和六社两个小组长马金元、马其章签订的一式两份的承包合同三个人都没带来现场，只是口头证明当时确有这么一份合同书以及合同书上条款的内容。于是，六社的村民认为，既然看不到合同书，就要推翻当时合同的内容。郭玉荣表示他愿意现在就把承包的这块土地还给六社的农户，但六社农户必须给他在农田中栽种的芒果树（已成林）以补偿，但农户们表示不同意。整个调解过程始终围绕着五年后农业税取消后，以后如果政策再发生变化，郭玉荣是继续有偿还是无偿地种植这块土地这个问题进行。

在激烈的讨论和综合各方意见后，当时的社区调解班子总结了调解经过并给出相应调解意见：郭玉荣当时签订承包协议时，农户们对合同内容并不十分清楚，除非找到那份合同，目睹上面的内容后才能对这起纠纷给出合理的解决方案。但签订合同的郭玉荣、马金元、马其章三人都说找不到合同，只是口头证明当时这份合同的存在，造成今天无法弄清合同内容的真相的状况。现在郭玉荣在承包的农田里种进芒果树，从实质上讲违反耕地使用法，从良心上讲他种植芒果树也的确要投入一定的资金。如果按郭玉荣的提议将这块土地归还给六社农户，但要农户对郭栽种的芒果树进行经济补偿，农户们均不同意。因此，社区调解委员会的意见是郭玉荣应当继续种植这块土地直到承包期结束，从 2009 年（取消农业税那年）开始，每年把公粮转换成承包费补偿给六社农户，至于承包费的税率按 2004 ~ 2009 年哪一年的税率来定则由双方商量决定。

这起由农业税收政策的变化引发的纠纷最终因当事人不同意调解意见而最终调解失败。

2006 年 1 月 1 日，国家正式取消农业税。安邦村的农户也开始充分享受到国家政策带来的好处，缴纳农业税成为历史。

第三节　旅游开发

一　基本条件

安邦村位于红河县政府所在地迤萨镇西部，属跑马路社区。“安邦村”之名有国泰民安之意。传说彝族支系濮拉人，迁徙途中是其岳父先到这个地方定居，故濮拉人叫这个地方为“阿巴”，即祖先岳父找到的一个好地方。后人借“阿巴”之谐音将该村取名安邦。

安邦历史悠长，村中居住着汉族、哈尼族、彝族等各族群众。远在明末就有土著人在这里居住。安邦村的建筑文化底蕴深厚，明末时期的建筑以茅草房为主，后有土掌房，再有土房撒瓦边住房。清朝时期的建筑最有特色，最有规模的是中原汉族传统四合院。民国时期除了四合院，还有马帮传入的中西合璧式的住宅。中华人民共和国成立后，特别是改革开放30年后现代钢筋混凝土多层建筑已占多数。现有古民宅26幢，其中100年以上的5幢，50年以上100年以下的21幢。古朴的侨村民居建筑构成了一幅绚丽多彩的图画，为发展生态旅游和自然景观旅游提供了条件。

红河县安邦村地处红元二级公路旁，虽然经济基础薄弱，但有着非常丰富的旅游资源，素有“侨乡”、“歌舞之乡”、“棕榈加工之乡”的美称，村内有150位华侨，他们及其眷属居住在六个国家和地区之中。侨村安邦海拔最高

951米，最低200米，村寨不大也不小，坐落在半山腰一块平地上。村内外有五个天然池塘，自然生态环境好，适宜人们居住。

随着过境的红元二级油路的建成通车，安邦村将成为红河县通过元江进入越南最短通道的要道口，交通十分便捷，到昆明只需4个多小时。该村在旅游规划、建设和发展方面将从全省冷温地区一跃成为全省的温热地区。安邦村中式的传统民居四合院、中西合璧的雕院建筑，以造型独特、做工精巧、工艺结构复杂而著称，形成了侨村安邦独具特色的文化传统及景观，在滇南颇有名气，开发民族文化旅游资源潜力很大。

目前，红河县旅游局为全面落实科学发展观，紧紧抓住国内旅游重点向中西部地区扩展和云南旅游“二次创业”的机遇，按照“突出重点，打造品牌，梯度推进，联动发展”的工作思路，以红河县及安邦村丰富的旅游资源为基础，以客源市场为导向，以加快发展为主题，以打造国内知名旅游品牌为核心，以建设省内知名的侨乡旅游胜地为目标，积极开发有红河县侨村安邦特色的休闲旅游产品，确立新旅游发展形象。同时加强与周边地区的合作，加大资源整合力度，可持续地进行旅游开发、注重环境保护、构建和谐侨村形象，实现侨村旅游发展由资源型向经济型的跨越，力争把旅游业建设成为该村的支柱产业之一。

二 开发规划

鉴于侨村安邦具有发展旅游业的条件和优势，红河县旅游局通过与其他部门协商，制定了安邦村的旅游业发展规划，突出该村的“江外建筑大观园”特色，并上报上级部门争取领导和社会各界的支持。其规划内容如下。

（一）工程建设的依据和必要性

根据我国旅游建设和开发的有关法规，工程的规划建设遵循如下原则：①遵照国家环境保护法、土地法、城市规划法、文物保护法等法律法规进行编制工程项目规划设计；②在县城总体规划指导下，进行全面规划，分期实施，使工程建设与城市的发展相协调，最大程度发挥工程效益；③采用先进技术，节能高效，注重环境设计，减少工程投资；④大力发展旅游经济，推动红河县社会经济发展。

建筑是一种文化，它体现着一个社会、一个时期、一个地区的政治、经济、文化、教育的发达或衰退的情况，较集中地反映出一个民族的精神文明、物质文明，记录了历史发展的轨迹。安邦村有着历史悠久的建筑文化，至今尚存古代建筑较多，保存完好。明末的土掌房，清代的中原汉族四合院住宅，民国的中西合璧式住宅，现代钢筋混凝土多层建筑，这些不同的四种时代的建筑，各具不同的风格，都在安邦村的建筑群中较好地保存了下来。这在西南边疆甚至陆疆内地都很少见，这是历史留给安邦村的财富，也是历史交给安邦村的责任，安邦村人应该让“江外建筑大观园”凸现出来。

（二）项目建设的可行性

根据安邦村的历史和现状，自然景观和人文景观，古代建筑和现代建筑，地理环境和道路交通情况，可以说，安邦村非常具备项目开发建设的条件。安邦村应大力发展

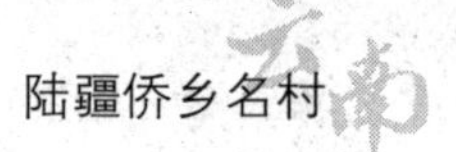

旅游经济，结合新农村建设全面进行规划。安邦，可建成一个既有古代遗存建筑，又有现代新建筑的别具一格的祖国西南第一园——“江外建筑大观园”。

安邦村保存完好的古民居有26幢，建造时间在100年以上的有5幢之多，这些古建筑均已进入县级保护文物行列。这些古民居建筑反映了红河侨乡建筑特点，也是马帮文化的结晶，具有很高的历史价值和艺术价值。它们对进一步研究滇南陆疆侨乡迤萨的马帮文化、建筑文化，开发旅游业，推动红河县经济社会发展都有十分重要的意义。

安邦村域内有较好的道路网格基础，有良好的池塘水体景观，有便捷的道路交通，有强力的通信网络，有大电网保证。政府对安邦村进行了全面规划，资源整合，综合开发，合理利用，科学决策，民主管理，因此安邦村一定能建设成为一个既古老又现代、既城镇又农村的新型的祖国西南边疆第一园。

（三）建设规模及投资

根据红河县发展旅游业的需要，政府对安邦村区域内9平方公里面积的土地进行了规划。项目名称为“红河县江外建筑大观园旅游示范点”。

规划项目及资金估算如下。

（1）古民居修建与保护：修建数量15幢，估算资金3000万元；保护数量20幢，估算资金100万元。

（2）街道修造。工程内容：青石板步行巷道、小车道、街道排污沟、人行道、绿化、路灯系统。道路总长为3公里，估算投资为3000万元。

（3）给水、排水、供电系统改造与修建如下。

①给水（含水处理及减压）800万元；②排水（含污水处理）1500万元。

（4）马帮文化陈列室：有地方建筑特色的房屋一幢，估算资金500万元。

（5）文化站一座：有地方建筑特色的房屋一座，估算资金200万元。

（6）现代公厕3所：有地方建筑特色公厕3所，估算资金150万元。

工程项目建设投资估算总计为9250万元。

（四）资金筹措办法

由建设单位向银行贷款2000万元。

各种渠道争取补助7000万元。

社会捐资集资250万元。

（五）项目效益

2009年元江二级油路通车，将极大改善红河县的交通环境。红河哈尼梯田、哈尼长街宴、中国最美的六大古镇乡村之一羊街等各旅游品牌的影响力也将对红河县的旅游产生较大的辐射作用，红河县必将迎来大好时机。江外迤萨侨村是独有资源，其他县市没有的品牌，到时“江外建筑大观园”这个闪亮的品牌将会吸引更多的中外游客纷至沓来，工程项目将会产生内在的吸引力，收到较好的效果。按每年投资回报率在15%左右计算，5~6年内将全部收回此投资入资金。

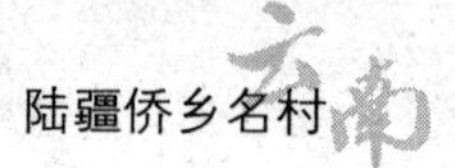

（六）组织管理及措施

（1）切实加强领导。工程项目建设实行计划管理、项目管理和资金管理，以及项目法人责任制、施工监理制和招标制。请县级审计、纪检监察和工程质量监督等部门对工程的施工过程和招投标程序进行监督检查。

（2）按工程进度拨款，确保资金及时足额到位，做好施工中的技术指导和监督检查工作，组织设计人员和技术人员现场指导服务，发现问题及时纠正解决，不合格工程不允许存在。

（3）加强资金管理，建立财物管理制度，按“专人管理、专人存储、专款专用、专账核销、封闭运行”的原则管理。

（4）加强资金审计工作。审计部门定期审计资金，审计专款资金，防止和杜绝挤占挪用、贪污公款的情况，依法惩处经济犯罪行为。

（5）严把质量关，做好工程竣工验收工作。工程质量施工单位必须先检查合格，写出竣工报告，然后按项目审批权限上报业务主管部门验收。验收合格后准予投入使用。

三 存在的问题

红河县旅游起步较晚，目前侨村安邦尚处于发展的初期阶段。主要的问题有：旅游开发水平还需进一步提高，旅游资源开发步伐需要进一步加快；对旅游资源的科学文化内涵挖掘得不够；旅游基础设施和服务设施建设仍显薄弱，制约旅游业的发展；旅游业的发展定位需要进一步探讨；旅游的整体形象不够鲜明，知名度还需扩大；旅游产品线路和市场营销推广策划还不够，对外宣传促销的力度需加大，水平需进一步提升；旅游专业人才匮乏，急需培养和引进；旅游经营和管理水平急需提高；旅游业对全县社会经济及侨村安邦的带动作用还较弱。

四　对策

侨村安邦旅游业发展的最大问题是旅游特色产品和精品不足，缺乏具有吸引力的旅游产品。要发展侨村安邦旅游业，首要的是开发有侨村安邦特色的旅游项目。建议重点抓好六个方面。

（一）建设侨村文化旅游项目，使侨村成为红河旅游的一颗明珠

红河县侨村安邦是云南省滇南重点侨村之一，它主要是由马帮商贸演绎而成的。经过先辈们的艰苦创业，侨村安邦马帮不但出国门经商，而且还创造了“江外建筑大观园”的奇迹。目前红河县政府设想用3～5年的时间将侨村安邦建成红河县集住宿、特色餐饮、购物、娱乐为一体的侨乡旅游休闲中心。

（二）强化政府主导，形成发展合力

旅游业作为一个综合面广、劳动功能强的大产业，需要各级政府在规划旅游产业发展的方向、市场宣传和营销、公共基础设施建设等方面，依靠行政手段给予指导、协调和干预。应考虑成立侨村安邦旅游项目工作领导小组，职责到人，任务到村，每个项目的实施由一个领导带队，抽

调相关单位人员共同实施。在产业结构调整中，把旅游业作为该村扩大内需，促进区域经济发展，增加就业，建设社会主义新农村的重要内容。

（三）出台招商引资优惠政策，提升项目吸引力

强化旅游局行政主管部门的职能，增强其权威性，尽早出台各种具体的优惠政策，鼓励民营资本投资旅游业，形成有利于旅游业快速发展的投资经营体制，以解决旅游市场旺热与建设资金匮乏的矛盾。一是积极争取国家西部大开发的国债资金和省州旅游专项资金的投入；二是积极发挥政府投资导向作用，制定灵活优惠的政策，创造良好的投资环境，把招商引资作为盘活存量、扩张总量、提高质量的手段，鼓励外商资本、民间资本、金融资本参与到旅游项目的开发上来，形成一个多元化的投资格局；三是盘活现存资产，整合旅游资源，利用该村特色项目和景点进行招商引资，加速旅游项目的开发。

（四）加强基础设施建设，加大旅游资金的投入

目前，红河县侨村安邦旅游业发展面临着许多机遇，而旅游基础设施建设的快慢，决定着侨村安邦旅游业发展的速度。因而，关键的问题是加快旅游业基础设施建设。

（1）加快交通建设步伐。一方面，在规划交通线路、市政建设时，应统筹考虑侨村安邦旅游业发展的需要，切实加快旅游交通环线及重点景区连接公路建设速度，提高公路等级，确保景区景点公路通畅；另一方面，加快“红元二级油路”、红河段至凹腰山的公路建设速度。

（2）提升城市化水平。按照城镇规划要求，加大侨村

安邦的绿化、美化、亮化工程的力度，加快建设侨乡水文化——侨村安邦大石缸生态广场、马帮开帮广场的速度。

(3) 加强旅游接待服务配套设施。按照侨村安邦发展的需要和红河县旅游业发展布局，针对不同游客的需求，合理发展布局高中低档宾馆酒店，结合民族风情、历史文化，发展一批具有民族特色的“农家客栈”、一批满足自驾旅游需求的汽车旅馆，建盖一批环保型的旅游厕所，全力推介具有民族特色的地方小吃，加快“农家乐”发展步伐，全面提高接待能力。

(4) 加大旅游发展资金投入。要让旅游产业真正成为一项产业，政府必须在旅游业中投入大量的人力、物力、财力，并认真贯彻落实，要逐年增加旅游业发展资金。

（五）加大旅游市场营销力度

宣传和促销是旅游产品的生命线，重点围绕侨村安邦、马帮开帮文化，促销红河县安邦村：第一，通过制作 VCD、宣传画册等进行推介；第二，通过广播、电视、报刊及互联网，宣传侨村安邦旅游主体形象；第三，政府和有关部门要把宣传侨村安邦旅游主体形象作为内外宣传的重要组成部分，纳入工作计划和目标管理之中。

（六）建设高素质的旅游从业人员队伍

一是充分利用州内的大专院校、职业学校，对县内跑马路社区为主的星级宾馆、旅行社管理人员，导游和宾馆服务人员进行素质培训，实行持证上岗。二是充分利用远程教育、网络教育、跟班学习等手段，加强旅游从业人员的在岗、上岗培训，提高其整体素质。三是鼓励支持旅游从业人员通过自学考试、成人高考等，学习行业管理的各种知识，从而全面提高专业素质，并能从事多种不同岗位的工作，从而促进安邦村旅游业的新发展。[①]

---

① 根据红河县旅游局提供的《红河县安邦江外建筑大观园工程可行性研究报告》整理而得。

第四章　土地利用与流转

红河县侨村安邦的人们根据自身需要、土地特性、气候和人际关系等要素得出了土地生产利用方法及模式。安邦村的村寨—菜园—池塘—疏林旱地—丛林—稻田等依海拔高低层次分布的土地利用格局构成了其重要的人文自然景观，虽然在不同的历史时期其土地利用方式发生了一些变化，但它蕴涵着深刻的社会文化，充分体现了侨村安邦的人们土地利用的总体特征及其可持续发展观。

第一节　土地利用方式

从红河县安邦村的人们对土地利用的方式的总体特色来看，土地利用方式以稻田与旱地农耕为主，从而形成了村寨—菜园—池塘—疏林旱地—丛林—稻田等依海拔高低层次分布的土地利用格局，它整体上强调人口、资源、环境、产业、社会与民族经济协调发展，既能满足当代人的需要，又不损害后代人满足其未来需求的基础。

一　传统土地利用类型垂直分布

侨村安邦人的土地利用方式以稻田与旱地农耕为主，土地范围集中在以安邦为中心，单程行走时间在两小时左

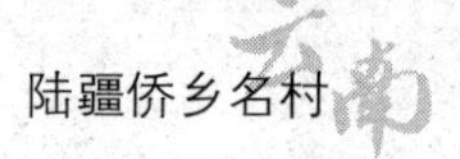

右的范围内，稻田及旱地与当地少数民族的相互交叉。

红河县安邦村海拔最高为1000米，该村分为三个部分：安邦上寨是山区的台地，主要为汉族聚居区域；安邦下寨是山区中的西南坡地，主要为彝族聚居区域；合兴村（又称团结村）是红河县20世纪末21世纪初为保证迤萨镇的生产生活用水，在附近哈尼族地区修建水库时搬迁来的哈尼族移民聚居的山区中的南面坡地。安邦村住宅附近辟有农家个体的菜园地，大部分菜地靠近公共的大型池塘——如村头塘子、村脚塘、大凹塘子、蚂蟥塘、里角塘等，菜园地分布相对较广。池塘呈现星罗棋布的分布状况，除公共的大型池塘外，私家的菜地也有自己开辟的小型的塘子，如老安邦村原郭家寨门附近的菜地有七八个私家的小塘子。零星小块的疏林旱地分布在海拔500~900米坡度较缓的南面和西面地区，主要为李家、马家、杨家、郭家、高家等宗族大姓的传统耕作的疏林旱地。其他地区——如凹腰山、鸡冠子山等丘陵间的缓坡地或者小块台地等属于疏林旱地分布得相对集中的区域。在海拔300~1000米的陡坡及箐沟区域，分布着条块为主的丛林，无主区域一般为公共地域。海拔300米以下的区域为稻田耕作区。该村所属的稻田耕作区，首先是清代中后期主要为安邦人对河谷坝区的荒地开垦而得的土地；其次，为清末民初主要为安邦村侨领绅商富户向坝区的傣族人民购买而得，如傣族聚居的勐甸、曼板等村寨附近的稻田区。

二　传统土地利用方式

（一）菜园地

菜园地主要分布在村寨周边或房前屋后，各家族（家庭）拥有的亩数不等，如没有新开辟或购买的菜园地，则经过数代的人口增殖，数次分家析地之后，小家庭的菜园地呈代际人均递减趋势。菜园地一般以种植蔬菜为主，主要有南瓜、丰收（佛手）瓜、黄瓜、土豆（洋芋）、四季豆、豌豆、青菜（苦菜）、白菜、番茄、白花、芋头、魔芋、茄子、辣椒、葱、姜、蒜、韭菜、薄荷等。

（二）疏林旱地

疏林旱地主要分布在海拔 500～900 米之间坡度较缓的地区，一般以种植粮食作物——包谷（玉米）、高粱、土豆等为主，套种其他作物，主要有花生等各类瓜豆。改革开放后，也有部分人种植经济价值较高的果木，如芒果、荔枝、龙眼等。

（三）轮歇地

轮歇地主要分布在坡度相对较大的区域，呈现出在疏林旱地—丛林之间的块状交叉，轮歇时间 2～5 年不等，与荒山草地轮歇使用，主要种植包谷、高粱、土豆等作物。庄稼播种之后，牛、马、羊等在荒山草地放牧，需要放牧人看管，避免糟蹋庄稼。庄稼收获之后，牛、马、羊可在地里自由放牧。

（四）林地

明朝至清朝中期，安邦地区的林权属于土司。清朝中后期，随着迤萨地区铜矿的开采冶炼，安邦村附近的树木大部分被砍光，变成了生态环境恶劣的地区。清末民初，部分林权随着土地的买卖，逐渐转归为家族（家庭）或个体所有，出现了少量的私人山林，安邦村侨领绅商大户几乎都购置了家族山林。陡坡及箐沟区域的树林仍为村寨公共的林区。1956年和平土地协商改革之后，家族山林、公共林区等收归集体所有。1982年开展林业“三定”之后，确定林权，划分自留山。1983年划定“两山”，划分自留山和责任山，农户的林权进一步得以确认和稳定。

安邦人对林地资源的传统使用方式除涵养水分的水源林、供行人休息之用的区域乘荫景观林（如供马帮行人喝水的安邦大石缸附近的公益树林）、庭院园林等外，主要是用作薪柴、建筑用材，20世纪80年代中期侨村安邦每户一年砍伐消耗的薪柴在1立方米以上，新中国成立以前安邦每户新建的四合院消耗的木材在30～50立方米之间。另外，林地资源是获取林副产品——如石榴、木耳、香菌、竹笋等的来源区域。它还是猎捕禽兽动物如熊、豹子、麂子、野猪、松鼠以及各种鸟类的区域。对林地资源破坏性较大的使用方式是清朝乾嘉和道光时期迤萨地区铜矿开采冶炼，1958年的“大跃进”运动和20世纪六七十年代大规模地修建公路，也对安邦地区的生态资源造成了毁灭性的影响。

（五）采矿区用地

红河县安邦村以东地区矿藏以非金属矿——石膏为主。石膏矿藏主要分布在红河南岸河谷地带的县城迤萨镇东北部，储量丰富，据勘查，储量1.19亿吨，硫酸钙含量一般为80%，最高达90%以上，属少见的高品位露天富矿。它是安邦人及其附近地区制作豆腐的辅料，深得各族人民的喜欢。新中国成立前石膏为私人自由采用，主要供建筑烧制熟石灰之用，少量的为百姓制作豆腐取用。现在主要是红河县县属企业——红河县石膏股份公司（后被元江县某公司收购）在开采，有的安邦村人在为其打工。其他的煤、花岗石和水晶石等非金属矿，在勐甸村等地有分布，其中煤系优质油煤，民间自行开挖，少量取用。

（六）稻田

安邦人的稻田主要分布在海拔500米以下的区域，主要集中在勐甸、曼板等坝子，这是安邦人传统土地利用的最主要的方式之一。其稻田的来源主要有：一是由安邦人两三百年来对河谷坝区的河滩荒地开垦、耕种而得来；二是在清末民初时期，安邦村侨领绅商富户向坝区的傣族人民购买而得的稻田区。

第二节　土地的传统管理方式

一　菜园地和旱地管理

村寨边或房前屋后的菜园地，挖地等重活一般由家庭的成年男劳力来负担，日常管理由妇女和老人承担。如果一个家庭的成年男子随马帮外出经商没回来，挖地等重活则请亲朋好友中的男性来帮忙或者由妇女和老人承担。菜园地一般以种植蔬菜为主，种植青菜（苦菜）、白菜、番茄、白花、茄子、土豆（洋芋）、芋头、魔芋、辣椒等蔬菜的劳动量稍大一些，而南瓜、丰收（佛手）瓜、黄瓜、四季豆、豌豆、葱、姜、蒜、韭菜、薄荷等瓜豆、小菜或佐料等栽种在房前屋后，所需的劳动量稍小一些，日常吃时由妇女、老人和小孩随时摘取，非常方便。

旱地一般分布在安邦村附近的缓坡上，以种植包谷等作物为主，这是安邦人传统土地利用的主要方式之一。挖地、施肥、薅草和日常管理等活计一般由家庭的成年男劳力来做。如果一个家庭的成年男子随马帮外出经商未回来，挖地、收获等重活则请亲朋好友中的男性来帮忙，施肥、薅草和日常管理等活计由妇女、老人和少年来承担。同时，地里也可套种或间种其他作物，主要有各类瓜豆等。

玉米旱地一般在每年冬季挖地，翌年春耕时挖土地、翻松土、捣碎土块，正月底至阴历二月上旬把玉米播完种，待玉米出土长至 8～10 厘米高时进行玉米地的第一次薅草，玉米长至 40～50 厘米高时进行玉米地的第二次薅草，待玉米开花时，把地边地角的高大杂草砍去后，等待玉米成熟收获。

二　池塘传统管理

安邦地区的池塘传统管理分为集体公益型池塘管理、个体池塘管理等几种形式。

集体公益型池塘管理一般根据安邦村的集体公益型池塘建设的需要，在马帮回来之后，由村寨绅商大户提议，经过村民公议后，动员和号召安邦侨领绅商大户带头捐赠。个人捐献的总钱款由村寨统一管理，根据工程进度的需要按时拨付款项，用于购买材料，支付工匠的薪资，全村按每户情况出成年义务劳动力帮工。池塘建成后，除周边附属的水源林、景观点外，一般由侨领绅商大户出资承包养鱼，秋季捕鱼时，出资承包户按 1/3～1/4 的捕获量作为报酬付给捕鱼者。如村头塘子、村脚塘、大凹塘子、蚂蟥塘、里角塘等池塘传统上按上述方法管理。

个体池塘管理指侨领绅商大户、个体农户等依据自己菜园地和旱地浇灌的需要建设私人池塘，一般根据池塘工程的大小或者工程进度的需要，自筹资金，统一购买材料，自我开挖和管理。如果聘请工匠开挖和修建，则按双方约定拨付定金和材料款项，用于支付给工匠的薪资。池塘建成后主要供取水浇地之用，同时，自己养鱼，腊月捕鱼归自己食用或者赠送亲朋好友。

三　稻田传统管理

安邦人的稻田传统管理方式主要分为私人稻田管理和公益稻田管理两类。私人稻田管理又分为个体自种与个体出租给“田亲家”耕种两种方式。公益稻田管理按目的来分，可分为安邦大石缸供水公益稻田和义学公益稻田两种。安邦大石缸供水公益稻田分为个体捐赠稻田和集体购买公益稻田两种，个体捐赠稻田由石缸供水人自己及其家人耕种，收获归其自由支配；义学公益稻田由安邦村绅商大户等管理，它们所出产的稻米，除以“分边”的方式支付勐甸河坝地区傣族耕种者以外，剩余收获的粮食主要用来支付集体聘请公共教师的支出以及其他的公益性支出。

新中国成立后的土地协商改革中，这些义学公益稻田收归集体管理；成立农业合作社和人民公社后，它们又分别划归各个生产队集体耕种和管理；1978 年改革开放后，实行联产承包责任制，传统的义学公益稻田由生产队承包或者由个人承包；20 世纪 80 年代以后，随着侨村安邦各生产队副业的开展，劳动力不足以兼顾农业和副业，传统的义学公益稻田由生产队承包或者由个人承包之后，再次以“分边”的方式承包给勐甸、曼板等河坝地区傣族村寨的农民耕种。这些傣族农民与安邦农民在一定程度上恢复了传统产业的互补性，实现了新时期土地的流转与利用，结成了新阶段的土地租赁关系，他们之间互称为集体“田亲家”或者个体“田亲家”（详见表 4－1）。

表 4－1　侨村安邦的“田亲家”调查表

姓　名		承包地	承包地出产种类及分配（斤·元/年）			备注
			种粮食		种甘蔗	
发包社/户	承包村/户	水田（亩）	粮（斤/年）	钱（元/年）	甘蔗（元/年）	
六社/周利昆	曼板/三宝	1 亩多		450		
八社/张礼芳	勐甸/白×	1 亩多			1600	
李官汉	不详	1.3			800	
一社/曹稳修	勐甸/老刀	1.2			700	
李月萍	勐甸/杨正新	0.4			400	
四社/白玉妃	勐甸/白四哥	1.8	1000		1500	两者选一
郭报祖	傣族（不详）	3	2000			传统分边
马小宽	曼板/不详	0.3	200			传统分边
郭嗣祖	曼板/罗四	1.8	1500	1200		
三社/王孝琳	勐甸/白某	0.83	750			传统分边
李国光	勐甸/安徽人	3 亩多			6000	
五社/张丽芬	安邦/马铁发	0.3			300	
五社/高琼	不详	0.3	1000		300	
颜荟苹	不详	0.4	400	150		
杨祖林	勐甸/不详	0.4			600	
孙福珍	曼板/傣族	0.6		200		
八社/王艺群	勐甸/王正祥	4.01	1200	2000		
八社/郭义祖	勐甸/不详	0.4		400		
四社/高敏	勐甸/老刁	0.7			600	
杨良成	李海荣/李贵荣	3.9			6000	栽种香蕉
五社/牛双凤	傣族（不详）	2			2000	
八社/郭玉英	勐甸/不详	0.4	600			传统分边
杨孔文	不详	1.5		1050		
一社/马龙妹	傣族（不详）	不详		350		
八社/赵水芬	黑三宝等人	0.8		750		

注：①本表格内容于 2009 年 1 月由调研组在安邦村调研随机抽样 50 户，经分类和整理所得。

②表里涉及的水田有肥瘦和高产低产的区别。

从表 4 - 1 的内容来看，侨村安邦的村民们该村主要以土地承包到农户，由每户农民向坝区傣族农民转包为主，一般沿用传统的“分边”形式，即按当年实际收获谷物的产量，双方对半平分的形式，或者按双方认可的多年实际收获谷物的产量的平均产量（也可按市价折算或者约定为现金，或者谷物与现金相结合），随着现代农业技术的发展和种植经济作物收益的大幅度提高，栽种甘蔗、香蕉等经济作物收入的大大增加，转包户一般采取不论承包户栽种何物和收获多少都固定承包费等两种形式，固定承包费由转包户和承包户双方协商后约定的方式，可以按谷物为主的实物和现金（以人民币计算）等相结合的形式。该村“田亲家”大致可分为：① 传统“分边”户：即按双方认可的多年实际收获谷物的产量的平均产量的“分边”户有郭报祖、马小宽、王孝琳、郭玉英等 5 户；②“分边”改良户：即谷物和现金（以人民币计算）两者选一皆可的有郭嗣祖、颜荟苹、王艺群、高琼 4 户；③“分边”货币化户：即现金固定承包费的有周利昆、孙福珍、郭义祖、杨孔文、马龙妹、赵水芬等 6 户；④“分边”增值户：即栽种甘蔗、香蕉等经济价值较高固定承包费有张礼芳、李官汉、曹稳修、李月萍、李国光、张丽芬、杨祖林、高敏、杨良成、牛双凤等 10 户；⑤“分边”特殊户：有 1 户白玉妃采取谷物“分边”1000 斤，如栽种甘蔗、香蕉等经济价值较高固定承包费为 1500 元。

四　林地与畜牧管理

清末民初，亏容土司的部分林权随着土地的买卖，逐步转归为家族（家庭）或个体所有，出现了少量的私人山林，安邦侨领绅商大户几乎都购置了家族山林。随着时间的推移，清朝中后期迤萨地区因铜矿的开采冶炼而恶化的生态环境（安邦村也不例外），逐步得到恢复；原亏容土司的陡坡及箐沟区域的林地逐步变成村寨公共的林区。1956 年和平土地协商改革之后，家族山林、公共林区等收归安邦村（后改为安邦人民公社）集体所有，单位建筑用材和食堂用柴大幅度增加，大大超过了林地育材所能正常提供的采伐量；同时，集体社队的人们在疏林和荒地放牧牛、马和羊等。1958 年“大跃进”运动中各机关大炼钢铁，由于政治性原因，砍伐无节制，进一步加剧了对安邦村附近区域性生态的破坏；六七十年代开展的城镇建设和开挖公路等，建筑用材需求量加大，由于不注意保护涵养水分的水源林、供休息区域乘荫景观林、庭院园林，建筑土石垃圾大量向树木茂盛的狭窄箐沟倾倒，致使这些箐沟的树木被砍光或者填埋而枯死，安邦村生态环境进一步恶化，猎捕林中的禽兽动物——熊、豹子、麂子、野猪、松鼠以及各种鸟类已成明日黄花。这个时期虽然设有集体的护林员，但是，护林员只管理民间个体的采伐情况，对单位用材无能为力。1982 年开展林业“三定”之后，确定林权，划分自留山，划归私人的自留山上的树木大部分被砍光。因该村农民对党的林业政策信心不足，大部分土地被抛荒，生态环境又进一步恶化加剧，到林中采摘或者拾取林副产品——缅石榴、木耳、香菌、竹笋等的日子也一去不复返，放牧牛、马和羊等的区域大幅度减少，牛、马等畜牧产品存栏量大幅度下降。1983 年划定“两山”，划分自留山和责任山，每一户农民都有一定的宜林荒山，由此林权进一步得以明确，国家还制定出“谁种谁有”的鼓励政策，初步稳定了人心，人们纷纷在划分的自留山和责任山上种植果木和开辟旱地。机关单位也按照县委县政府的要求，在各自划分到的属于传统的安邦村境内的绿化荒山区域内，投入人力、财力和物力，种植各种速生耐旱的灌木，安邦村周边地区的生态环境逐步得到恢复。但是，20 世纪 90 年代以来，因修建水库搬迁的哈尼族移民被安置到安邦村传统境内的区域，砍薪柴、建筑用材需求大增，群众性用柴需求进一步加大，以每户一年砍伐消耗的薪柴在 1 立方米以上来估计，每年要消耗数百立方米甚至上千立方米的木材，因此安邦村各个社区也增设了护林员，月薪数百元，但因人数有限，护林员所能起到的作用非常有限，安邦村区域生态的恢复又面临新的挑战。

第三节　传统土地流转中多元“亲家”关系

滇南著名侨乡迤萨镇几百年来是内地与江外的交通要道和驿站之一，为红河县人民政府驻地，也是全县政治、经济、文化中心。安邦村地处迤萨镇的西边要道上，传统上属于以汉族和彝族人为主的杂居村落，人多地少，当地人主要以从事农耕或者牧耕为生，但是，安邦村历史上村民大部分随迤萨人“下坝子”经商，故以政治文明、工商经济发达、人民生活富裕而闻名土司地区。安邦的汉族人口与周边的土司区域的人口相比，相对较少，因此，如何通过交换保证粮食需求的供给，如何与安邦周围的各族人民搞好关系，进行土地的有效利用和土地置换，等等，这

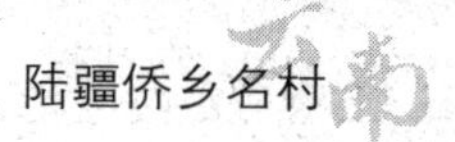

些都关系到侨村安邦人的生死存亡！

土司辖地深藏在哀牢山群山之中，地大物博，物产丰富，人口稀少，人们以农业或者牧业为生，经济落后，从盐巴、针线到犁头等生活生产物资全靠与迤萨人（包括安邦人）交换而得来。各少数民族人民也考虑如何保证日常生活所需的物品的正常供给，如何进行工商业与农业或者农牧业产业的置换（包括土地的置换）以提高生活水平。

安邦村的侨领绅商大户经过数代甚至十几代与周边傣族、彝族人的和谐相处，创造出了颇具特色的安邦商贸业与周边山区农业或者坝区农牧业产业的置换方式——传统土地流转中多元“亲家”关系。

一　传统土地流转中“田亲家”关系

安邦的先辈们在长期与周边勐甸、曼板等村寨的傣族人相处的过程中，采取共同发展的策略，对待周边傣族人民如一家人。安邦的侨领绅商大户主动与坝区傣族农民搞好关系，以马帮驮来的通海布匹、元江运来的盐巴、建水驮来的铁器和日用百货等来交换坝区傣族人的大米、鸡鸭、蔗糖、竹笋、芒果、荔枝、攀枝花木甑和木棉丝、土陶锅等。同时，在部分傣族人因婚姻等多种原因搬迁他方时，安邦人向搬迁的傣族农民购买稻田，傣族人获得了搬迁的资金，安邦人获得了生产粮食的稻田，再把这些稻田以“分边”的形式承包给本地的傣族人家耕种，双方结成因“田”耕种和收获的“亲家”关系，实现了安邦村工商业与周边坝区农业产业的置换方式——传统土地流转与利用中的多元“亲家”关系。

二　传统土地流转中“牛马亲家”关系

在安邦汉族长期与周边山区大杂居小聚居的彝族、傣族等其他民族和睦相处的过程中，以马帮驮来的物品来交换山区彝族人的牛羊、鸡鸭、包谷、木材、柴禾、拉达辣、木耳、香菇、柴花等，双方采取了互通有无、共同发展的策略。安邦地区的“牛马亲家”就是颇具特色的汉族与彝族、傣族等民族和谐相处，共同利用土地的典型事例之一。

“牛亲家”指经汉族人与傣族人双方互相物色、平等协商、自愿缔结关系之后，一般不作变更，就像两家订婚一样，成了亲家关系。一般来说，以汉族家庭为一方，租种该汉族家庭田地的傣族人家为另一方；汉族一方出钱买牛等牲畜，傣族另一方饲养和耕田，生下的小牛归双方共同所有，将来买卖或宰杀，利益均分；或者双方共同合伙出售或者宰杀牛等牲畜的收入，彼此平均分配。双方在共同的劳动和生活交往中建立起来深厚的感情，逢年过节或者收获季节，都要请自己的“亲家”来做客，平常也像走亲戚一样的互相往来。这种“牛亲家”关系代代相传，是汉族与傣族和谐相处的桥梁和纽带。这种传统土地流转中多元“牛亲家”关系实现了安邦工商业与周边坝区傣族农牧业的流转置换。

“马羊亲家”指经汉族人与安邦附近地区的彝族人双方互相物色、平等协商、自愿结成关系之后，一般不作变更，也像两家订婚一样，成了亲家关系。一般来说，以汉族家庭为一方，以饲养该汉族家庭马、羊的彝族人家为另一方；汉族家庭一方出资购买马、羊等牲畜，彝族另一方饲养，损失双方共同承担；生下的小马（或羊）归双方共同所有，将来买卖或宰杀，利益均分。双方在共同的劳动和生活交往中建立起的这种传统土地流转中多元“马羊亲家”关系，实现了安邦工商业与周边坝区彝族农牧业的置换。

安邦村的李家、马家、杨家、郭家、高家等宗族大姓在新中国成立前几乎都有传统土地流转中的多元“亲家”关系。目前，该村村民与傣族、彝族村民达成了安邦村商贸业与周边坝区彝族、傣族农牧业新的置换方式并结成了新的纽带关系。

第四节　几点启示

侨村安邦深受汉儒文化中土地利用可持续发展观的影响。同时，他们也积极适应当地的地理、气候条件，主动向本地的少数民族人民学习其人地和谐的观念。

一　朴素的可持续发展观

安邦村深受汉儒土地利用文化中所蕴涵的可持续发展观的影响。这反映在安邦人对村寨—菜园—池塘—疏林旱地—丛林—稻田等“多位一体”依海拔高低层次分布的土地利用格局上。

哀牢山区域海拔在 800 ~ 1500 米之间，气候温和，冬暖夏凉，安邦人把这一区域作为理想的居住地，安邦村就位于海拔 1000 米左右的山梁子上。山梁子周围 900 ~ 1000 米之间有 100 米的陡坡，视野开阔，观察和防御方便，民居建筑相对安全，有利于上山下坝，这体现出他们对其所处的自然地理环境的深刻认识和把握。他们认为海拔 600 米以下的河谷坝区地带气候炎热，瘴疠横行，在昔日医疗水平和条件较差的情况下，人们的生存和发展受到极大的威胁和挑战。安邦村历史上长期处于元江、石屏、临安三州府县的结合部——迤萨镇的西边要道上，是马帮西南行的必经之地，是内地汉族地区与边疆土司地区的西南交汇之地，因此在政治上相对较自由和开明，受各种束缚较少，马帮出行自由，民族关系和谐，安邦商贸业与周边民族农牧业贸易流转非常便利。这些都充分体现出侨乡人可持续发展的朴素思想。

二　人与自然和谐的基本观

安邦村人在传统文化上信奉“万物有灵”论。在安邦村自然崇拜非常普遍，他们认为“物无贵贱”，天下万物上至天、日、月、星、风、雷、电、雨，下至大地、高山、森林、岩石、泉潭、江河、瀑布等之间不存在高下贵贱等差别，人和自然之间的关系是一种平等的关系，大自然和人类都被天神按其意志划定了各自的位置，不能越位，对大自然强取豪夺，否则，就会遭到天神的惩罚——大自然的报复。因此，安邦村人总是认为自已耕作获得丰收和经商发财时，是天神给予他们的恩惠，而不能意识到这是自己劳动创造的结果，因而总是在家祭和清明上坟山祭祖时，表达对自然神的敬意。对山神的祭献显得特别突出，每家每户在自己家的山林或者坟地附近都立有自家的山神碑，在不同的节日里用“三牲”等加以祭献，祈求山神保护人畜无病无灾，五谷丰收，生意兴隆。这是将自然和人类看做天神意志的外化物，并将大自然节律当做天神意志的具体表现形式，人们以此强化了传统信仰观念，有效地调整了自己与自然的关系，促进了人与自然之间的和谐。

三 各民族土地和平置换、产业互补、共同发展、共同繁荣

安邦人经过数代甚至十几代与周边傣族、彝族人的交往与和谐相处，创造出了颇具特色的安邦商贸业与周边山区农业或者坝区农牧业产业的置换方式，也即传统土地流转中的多元“亲家”关系：与河谷坝区傣族人家的“田亲家”关系；与山区彝族、坝区傣族人家的“牛、马、羊亲家”关系。各族人民在共同的劳动和生活交往中建立起的这种土地利用和流转置换的“亲家”关系，扩大了安邦村各种土地的利用区域、产业基地范围，从而使安邦人获得所需要的粮油及副食品，而周边坝区傣族、山区彝族人也通过多种“亲家”关系，获取了日常生活所需的物品等等。

第五章　民族与宗教

第一节　民族

安邦村主要有哈尼族、彝族、汉族三个民族，按照人口所占比重由高到低排列，三个民族依次为彝族、汉族和哈尼族，分别占到全村总人口的48.4%、31.8%和19.4%。此外还有零星的傣族、瑶族人杂居其间。长期以来，各族人民广泛交往，和睦相处，共同开发边疆，创造和发展了民族文化。改革开放以来，特别是进入21世纪以来，由于各民族间通婚频繁，民族融合进程加快，不少家庭具有两种以上的民族成分，有的家庭具有汉、哈尼、彝、傣、瑶多种民族成分，是民族融合的典范。各民族所形成的勤劳勇敢、朴实淳厚、尊老爱幼、团结友爱等的优良传统得以保留和传扬。

一　民族概况

（一）哈尼族

哈尼族（见图5-1）历史悠久，与彝族、拉祜族同源于古代羌族群。不同的哈尼族支系服饰有别，但其始祖及

图 5-1 侨村安邦的哈尼族老人

语言相似。红河县哈尼族人口所占比例较大，据 2000 年全国第五次人口普查统计，全县哈尼族人口有 204792 人，占全县总人口的 76%。①

关于哈尼族的族源问题，学术界有北来说、东来说、土著说、二元文化融合说等几种观点，目前还没有达成共识。哈尼族内部有若干繁杂的称谓，文献史籍记载的自称和他称有哈尼、糯比、奕车等 20 种，红河州内的自称和他称有哈尼、糯美、豪泥、奕车等 16 种。在红河县数“哈尼”支系人口最多。安邦村的哈尼人多是哈尼支系，当然也有后来通婚后嫁到村里来的其他支系。

关于“哈尼”，目前盛行两种说法。一是居住环境说。“哈尼”一词在哈尼语中即“住在山坡上的人”，因哈尼族

① 中共红河州委宣传部编《红河哈尼族文化调查》（内部资料），红新出（2006）准印字第 244 号，2006，第 4 页。

早期多居住在山上，故有此称。二是图腾崇拜说。“哈尼”一词是构成飞禽走兽、力量、人以及女性名称的元素。远古时期，哈尼族先民还没有足够的智慧和力量抗击飞禽走兽的侵害，对它们的敬畏逐步演化为朦胧的崇拜心理，便以它们的名称给自己命名，表示自己也要像飞禽走兽一样勇猛强大。从有关哈尼族的文献记载中我们可以看出，哈尼族的迁徙路线大致为：西北高原—岷江、大渡河、安宁河—滇池地区—玉溪地区，之后分两路到现在的居域，即云南玉溪市通海县—云南红河州石屏、建水县，玉溪市元江县—红河县南岸。①

哈尼族多数按农历计年份，即一年分四季，每季三个月，每月 30 天。春季称翁堵，夏季称粗台，秋季称热摆，冬季称常摆。以农历十月为岁首，月份按农事活动命名，即年斯、斯锐、荣腊、比如、茶俄、咪梯、夫赊、诺赊、粗纳、粗普、呼锐等。日以十二生肖命名，今普遍使用农历计算年、月、日，使用钟表记时，以二十四节气安排农活。农忙季节哈尼族人有互相换工协作的习惯。哈尼族男子开田，修沟引水和翻挖稻田、犁耙、铲埂等；女子多承担栽插、耕种旱地和家务等劳动。哈尼族人普遍使用铁木农具。

（二）彝族

彝族是个历史悠久的民族。安邦村的彝族（见图 5－2）主要是“濮拉”支系，是安邦村里的“土著”居民。彝族

---

① 中共红河州委宣传部编《红河哈尼族文化调查》（内部资料），红新出（2006）准印字第 244 号，2006，第 25、37、38、41 页。

图 5－2　侨村安邦的彝族

语言属汉藏语系藏缅语族彝语支系。因区域不同，安邦彝族人的音调带有地区特色。其语法特点是谓语在主语和宾语之后，被修饰词在修饰词之前。彝族也有自己的文字，汉史籍称之为“彝文”，是一种古老的象形表意文字，分为副题、章节和标点三种特殊的符号。

彝族是红河县第二大民族，据 2000 年全国第五次人口普查统计，红河县彝族人口为 38086 人，占全县总人口的 14.23%。红河县的彝族支系有尼苏、濮拉、倮倮、罗罗等，其中安邦村的彝族主要是濮拉支系，居住在安邦下寨，是安邦村的世居民族之一。一说“濮拉”为虎祖，“濮”为祖，“拉”为虎，濮拉人认为他们的始祖为老虎，他们是老虎的子孙。还有一种说法是“濮拉”为祖先分支的人，“濮”为祖，“拉”为分支或分，也就是说他们是祖先分出来的一支人。濮拉族以表示男祖魂的葫芦为崇拜对象。安邦村的濮拉族一部分从云南省红河州的开远市，经建水县、石屏县等地迁入；一部分是从云南大理州巍山县顺红河而下，定居于此的，迁入时间大约是汉朝。[①]

（三）汉族

居住在安邦的汉族人与其他地方的汉族人差别不大。此处汉族人的方言属北方方言，与滇南建水、石屏、元江方言相近，但由于所居区域不同，受到了地方上少数民族语言的一定影响，特别是音色上也有自己的一些方言特点。

二 民族特色食品

（一）哈尼族食品

哈尼族主食大米，副食种类比较多。大多数副食在“社会生活”一章中将有更多介绍，在这里只是专门对其中一些比较有特色的副食种类及其加工过程进行一个专门的介绍。哈尼族副食注重调味，尤以哈尼蘸水、哈尼豆豉知名。

1. 哈尼蘸水

哈尼族的蘸水是比较有名的。当地哈尼族人家家户户都会制作或简单或复杂的蘸水来供蘸取食用。制作蘸水的调料一般包括小米辣、芫荽、香蓼、大蒜、薄荷、丕菜、韭菜、葱花以及盐巴、花椒粉、草果粉甚至哈尼豆豉等，

① 中共红河州委宣传部编《红河彝族文化调查》（内部资料），红新出（2006）准印字第244号，2006，第3、10、21页。

目前还会加味精、鸡精、蔗糖等调料。哈尼族人会根据个人喜好以及蘸水用途的不同来采用不同的调料调配。尽管每家的蘸水各不相同，但普遍具有鲜辣、香甜开胃、爽口等特点。

2. 腌制食品

哈尼族是一个比较喜欢吃腌制食品的民族，几乎每顿饭的饭桌上都会出现腌制食品的身影。在外出劳作时，哈尼族人也会带上腌制的食品，在休息的时候作为下饭的菜肴食用，既方便又可口。尤其在蔬菜较少的季节，腌制食品就成为一道不可缺少的佐餐食品。

哈尼族人用来制作腌制食品的材料比较多，像青菜叶、四季豆、黄豆、花生仁、豆渣、生姜、藠头、辣椒、鸡蛋、鸭蛋、鹌鹑蛋等等，都会成为哈尼族腌制食品的主要原料。虽然每种腌制食品的制作工艺可能因为材料的特性有所不同，但基本的做法大同小异，先将腌制食品的土罐用少量的白酒刷洗一遍，然后再将要腌制的食材按不同的要求加入各种调料，常见的调料包括食盐、辣椒粉、花椒粉、草果粉、八角粉、红糖、白酒等，充分搅拌均匀后装入土罐中，用土罐专门的盖子盖上，盖子周围加一定的水起到密封的作用。根据腌制材料的不同，少则十天半个月，多则半年到一年，一罐风味独特的腌制食品就做好了。

要强调的一点是，在腌制各种食品的过程中，土罐罐口周围的水不能干掉，要随时注意加水，这样才能防止空气进入罐中让腌制食品发霉变质。还有就是在腌制以生菜为原料的食品时，在整个过程中要注意不能让原料沾上油，不然也容易导致腌制食品变质。

3. 哈尼豆豉

说到哈尼族特色的发酵食品，最值得一提的就是哈尼豆豉。这种闻起来奇臭无比的豆豉，吃起来却非常有味道。它也是哈尼族人日常必备的炒菜作料之一。具体做法看似简单却有很多讲究，尽管很多哈尼家庭都会制作这种哈尼豆豉，但做到味道真正好吃却没几家。

哈尼豆豉的原料，主要是黄豆。具体加工步骤分为以下三步。第一步，选一个天气比较好的日子，把黄豆洗干净，再放入锅中煮熟煮透，黄豆中的水分一定要尽量煮干。第二步，将黄豆放在防水防潮的塑料袋子里面扎好袋口，将里面的黄豆捂臭，一般为三四天。这一步骤中最关键的首先是捂黄豆的过程中不能见到太阳，其次是很多人家在把装好袋的黄豆放在火塘上方用火烟熏的过程中，火塘里烧的柴火禁用玉米“骨头（棒）”，禁用会燃烧出苦烟和辣烟的柴火。第三步，将捂臭的黄豆从袋子中取出，用菜刀剁细，然后用手将剁细的黄豆捏成饼状，放在外面让太阳晒几天。干了之后，哈尼豆豉就制作完成了。

制作好的哈尼豆豉可以用来作调料，只要愿意，很多哈尼族家庭日常菜肴的加工都放入哈尼豆豉来调味，像一些哈尼族家庭在蘸水中也会放点剁碎的哈尼豆豉。但总体而言，哈尼豆豉的吃法无非三种，一种是直接剁碎生吃，一种是用火烤香后食用，还有一种则是用油爆香。但无论怎么吃，哈尼豆豉的那种独特的味道已经让它成为哈尼族饮食中比较经典的代表之一（见图5－3）。

图 5－3　当地特产——哈尼豆豉

4. 焖锅酒

焖锅酒产自红河县，包括安邦村等很多村寨在内的人家会自己酿造焖锅酒。它是红河县的特色饮品，目前已销往各地，成为红河州酒业中不可或缺的一朵奇葩。酿造焖锅酒的主要原料是稻谷、包谷、荞子和高粱，可以其中一种单独酿造，也可将几种粮食掺拌在一起酿造。

酿造方法是把原料浸泡 10 余小时后放入大铁锅内煮烂，淘干水分放凉后按一定的比例撒酒药，并摇拌均匀，然后装入大篾箩内发酵，并置于温度 30°左右的地方，过数日酒饭开始发酵。一般情况下，20 天左右就可以烤酒了，安邦民间也盛传“发酵时间越长，制作出的酒越香”的说法。除焖锅酒外，哈尼族还有小锅酒、苦辣白酒和甜白酒，① 但数焖锅酒最有名，州内很多县市都将它作为接待外宾的地方特色酒饮料。

① 中共红河州委宣传部编《红河哈尼族文化调查》（内部资料），红新出（2006）准印字第 244 号，2006，第 168～169 页。

（二）彝族食品

关于主食品烹饪，彝族（濮拉族）人大多以大米为主，其次是荞子、包谷等其他杂粮，主要做成生蒸饭、糯米粑粑、荞饼、荞粑粑、苦荞饭、包谷饭等，特别是糯米粑粑是他们节庆期间馈赠亲友必不可少的礼仪性食品之一。

糯米粑粑的制作方法是：把糯米用水浸泡七八个小时，把水控干装入甑里蒸熟后，连甑带饭端到碓房里，趁热将米饭舀入碓臼中舂细。然后将舂细的糯米团放到簸箕上，拍捏成圆饼状。该食品黏稠浓香，既可在火塘边烘烤食用，也可以用油在锅内煎炒食用（见图5－4）。[①] 每到过节，安邦村民都要做糯米粑粑，或自用，或作为礼品馈赠亲友。

图5－4　制作糯米粑粑的现场

以前的糯米粑粑都是先把糯米煮熟后人工在碓里制作，

① 中共红河州委宣传部编《红河哈尼族文化调查》（内部资料），红新出（2006）准印字第244号，2006，第407页。

俗称“踩碓”、“舂碓”、“舂粑粑”，比较费时费力。随着经济的发展，现在的安邦村已经告别了人工踩碓的时代，全部采用机器舂。笔者在安邦村调研期间，离春节仅有四五天，恰巧赶上村民们“舂粑粑”的日子。他们事先把米蒸熟后，背到有“舂粑粑”机器的那一家。通过机器制作出来后，再在桌子上或簸箕里涂上香油，人工制作成不同形状的糯米粑粑。机器制作省时省力，人们也可以利用集中到有机器的那一家“舂粑粑”的时间增进交流。

三　民族习俗

（一）婚恋

哈尼族实行一夫一妻的氏族外婚制，严禁同宗婚配。男女青年享有充分的社交自由，不受父母和他人的干涉，但不许同宗兄妹、姐弟同时参与社交活动。非婚生育必受社会舆论的谴责。男女双方相爱，父母无异意则依礼俗成婚。订婚由双方商定聘金，媒人从中撮合。

彝族实行一夫一妻制，以前多为包办婚姻，随着时代的发展，现在已是婚恋自由，但同姓不婚。婚礼有两种形式。一种由父母包办，请媒提亲，男方向女方送聘礼，择日成亲。另一种是男女自由恋爱，只要双方父母同意，新郎趁夜间偷偷领回新娘，待新娘生过第一个孩子后，夫妻两人带着孩子和鸡、肉、酒、糯米等礼品回岳母家认亲。

无论是哈尼族还是彝族，聘礼都没有严格的规定，均由双方父母商定，数额不等。随着经济生活的逐渐好转，聘礼越来越高，嫁妆越来越多。也有些女方家庭因为过于贫困，担心自己买不起多少嫁妆而干脆不要礼金。

（二）家庭

哈尼族家庭为父权制的小家庭，实行父子连名制。如果是一个家庭里有两个以上弟兄，男子一旦结婚或有孩子后，一般就与父母分居，其中一个儿子与父母同住。分家时，父母按所生育的儿子数额计算，把田地、房产、耕畜、家具等平均分配给独立生活的儿子。家族血亲观念认为幼子的血缘最可靠，且其年幼尚需父母教养，故留在父母身边继承大房和献祭祖宗。女儿没有继承权，除嫁妆外，不得享受娘家的一切财产和实物。家庭中以长为尊，父亲和长兄拥有最高权力，执掌全家的生产活动、经济收支、婚丧喜庆；母亲和长媳掌管家务事宜。

新中国成立前，彝族家庭为宗族制下的父权制家庭。族长掌管一族事务。家长掌管全家经济收支，处理一切家庭大事，父死由幼子立嗣。儿子成婚即分居。男子享有继承权，女子没有继承权。新中国成立后，宗族制逐渐削弱，妇女在家庭中的地位有一定提高，逐渐参与安排家庭经济开支。

四　民族节日

（一）哈尼族节日

哈尼族人民在与大自然长期的相处和碰撞中，创造了原始、神秘、辉煌的哈尼文化，哈尼人一年要过许多风俗节日，其中以“仰阿那”（又名姑娘节）、“五月节”（又名“矻扎扎”）、“十月年”（又称“扎特勒”）最为著名，三大节日各显风姿，各展神韵。它们集中代表和体现了哈尼族独特的历史文化、社会人生、经济发展，因而声名远播。但在安邦村，一个村里既有哈尼族人，也有彝族和汉族人，随着民族融合加深，哈尼人的民族节日也没有单纯的哈尼村寨隆重了，有些家庭甚至开始不过这些节日，有一些青年男女到过节时会跑到节日气氛较为浓厚的地区去。

1. 仰阿那节

这个节日的主体是哈尼姑娘，因此，又称姑娘节。在每年农历三月秧栽完后的第一个属猴日过。节日之晨，主要村寨德高望重的长者就赶到山顶进行祭典，祈求五谷丰登，男女安康，吉祥和美。早上10点后，姑娘们穿上自己最漂亮的服饰，头戴洁白的尖顶中（称“帕常”），身穿“龟式服”，外衣叫“雀朗”，中衣称“雀巴”，内衣叫“雀帕”。节日期间姑娘们着七件“雀朗”，七件“雀巴”。腰系精美的“帕阿”，配上各式鱼、螺、鸟银器，手戴大银镯。姑娘们手持白伞，腰挎小三弦，小伙子则尽量装饰自己，身揣信物，号手吹着小号，从三村八寨汇集到一起，成群结队对歌弹唱，歌唱本民族的悠久历史，歌唱对生活的情怀。众人则击鼓跳舞，小姑娘用美妙动听的小三弦自弹自唱，与小伙子山歌对答。吹树叶、弹口弦是姑娘们的拿手好戏。若一旦遇上相爱的知己，双方立即交换信物，谁有幸得到姑娘的白头巾，就得到了以身相许的爱的伴侣。在人海歌潮中，姑娘节真正成了哈尼青年男女欢乐的大舞台。

2. 矻扎扎节

一年一度的“矻扎扎”是哈尼人以欢庆为主题的盛大节日。每年农历五月的第一个申猴日开始，到子鼠日止，历时五天。节庆的首日是砍磨秋，村里杀牛宰猪，由寨主主持节日祭典，然后进山挑选青松树做磨秋杆。一旦哪棵松树被选中，立刻就被认定具有了神性，松枝和松毛被一抢而光。磨秋杆抬回村后，村民每人都要摸一下，以表示沾上圣物的福分。节日的第二天是支磨秋，仍由村寨长者主持。傍晚，寨中各户男性家长聚集在磨秋四周共餐。节日的第三天至第五天，是“矻扎扎”节的高潮期，人们相互宴请，打磨秋、转秋、秋千，串寨开始。最具特色和热闹非凡的是各村寨的串寨队伍，青年男女发挥聪明才智，将哈尼人在漫长历史岁月中经历的悲欢离合用装饰尽显出来。长者穿长衫马褂，青年人戴面具、兽皮帽，插羽毛，手持器械，有的穿破衣烂衫扮乞丐，有的耍狮子，有的男扮女装，形形色色，无奇不有。串寨队伍有的骑马前行，有的绕山步行，有的组成车队，浩浩荡荡。队伍每到一村就掀起一次狂欢的热潮。每人都要上磨秋展示技能，尽情跳舞、唱歌，尽情狂欢。

3. 十月年

此节又称“扎特勒”。每年农历十月的第一个属龙日开始，至属猴日止，历时六天，是哈尼人辞旧迎新的盛大节日。节日里，山寨一片新景象，男女老幼穿新衣，村村寨寨杀猪鸡，户户舂糯米粑粑，鞭炮声、舞蹈声、山歌声、喝酒声汇成山寨特有的时空交响曲。哈尼族的十月年，除体现各民族共有的亲情、家人团聚之外，还有两种特有的过年形式。一是打石头架。过年的后三天，开始对打，以最后一天为最激烈。二是男女配对赴宴会。十月年的后几日，选择一个吉日，两个寨子的青年男女互相邀约，举行酒与歌、情与爱的宴会。宴会少则五对，多则几十对，男女配队就宴。费用由男女自筹。

（二）彝族节日

1. 彝族年

彝族支系较多，不同的支系过年的时间也不同。濮拉支系过年的时间有的在农历冬月23～26日，有的在腊月23～26日。不管过年时间是什么时候，一般都是三天，接祖、祭祖、送祖各一天。过年期间，每家每户都要杀猪、宰鸡、舂粑粑。家家备办丰盛饭菜，款待四方各族亲友。青年男女纵情歌舞，村寨一片欢腾。

2. 火把节

火把节为彝族盛大节日，时间一般是农历6月24日。节日当天全村杀猪宰牛，各户杀鸡，扎火把驱邪除魔。夜幕降临时，村里的青年男女聚会"打火把架"，欢度节日，尽情跳舞唱歌，祝福人畜兴旺、五谷丰登。现在也有一些人过火把节是和端午节一起过的。①

此外，彝族有的支系还要过日日节、祭祖节、吃新米节、牛娃节等。随着社会的发展，哈尼族、彝族、傣族、汉族等各民族杂居现象增多，很多节日也跟着互相过，特别是像春节、清明、端午、中秋、七月半（祭鬼）、冬至等节日，基本上每个民族都过，过节方法、时间与汉族大致相同。

五　民族融合

安邦村主要有汉、彝和哈尼等民族。多种民族互相通

---

① 结合实际调研情况并参考云南数字乡村网、安邦村村级网站相关资料整理，http：//www.ynszxc.gov.cn/szxc/villagePage/vIndex.aspx？departmentid＝195086，2009－5－21。

婚，各种文化、经济、习俗、语言交流频繁，甚至与周围的合兴移民村的哈尼族、勐甸的傣族等的交流也不断增多，加快了民族融合，在语言、生活习惯、文化等方面都融进了别的民族的元素。

李元芬是跑马路社区居委会工作人员，合兴移民村人，哈尼族人。1996 年，因修建红河县宝华俄坻水库，俄坻村委会 16 个自然村 271 户居民全部搬迁到合兴村，与安邦村隔曼板河相望，同属迤萨镇跑马路社区。她说，因全村 271 户全部都是哈尼族人，因此，没搬迁出来时，基本都是哈尼族人之间结婚，与其他民族通婚的现象基本没有。但搬到合兴村后，与安邦等周围村庄的交往逐渐频繁起来，与汉族、彝族人等通婚的现象不断增多，出现了哈尼族汉化、彝化，汉族哈尼化、彝化等现象。各种民族文化、语言、习惯相互交融，民族融合不断增进。

安邦村不单与周围村寨民族增进融合，在本村不同民族间的融合也不断增进，其融合的主要形式和表现有以下五点。

1. 语言部分共通

在安邦村内，很多少数民族都能用汉语流利交流，一个既有彝族人，又有哈尼族人、汉族人的家庭，家人间一般就用汉语交流。而村里的一些汉族人也能听懂甚至说一些少数民族语言。笔者在安邦村调研期间接触到不同民族的很多人，他们都能用汉语互相对话。听年轻人说话更是根本区分不出他们究竟是汉族还是少数民族人，口音已基本一样。

案例5－1

高敏，女，37岁，小学学历，已婚，彝族；白玉玲，41岁，女，彝族，已婚；跑马路社区居委会的白琳副主任、张凤珍等，也都为彝族人。在和笔者的交谈中，她们都表现出很强的交际能力，语言完全没有障碍，语音上笔者也听不出有什么区别。据她们讲，她们在村里互相交流都是用汉语，除一些老人外，都能流利交流，只有同民族的见到时不时会用本民族语言交流。

2. 服饰汉化

由于通婚普遍，特别是一些嫁到汉族家庭里的妇女，她们平时就很少穿戴本民族的服饰，只在过节时穿戴。而村里的年轻人则基本上与汉族人穿戴一样，特别是出外打工回来的那些，无论属于哪个少数民族，都基本不穿民族服饰，他们的服装融入了很多现代元素，打扮得花枝招展。当然，住得较为集中（如安邦下寨全部为濮拉族），家里又只有一个民族的少数民族家庭，妇女特别是年长的妇女在劳作和生活中还是经常穿戴本民族的服饰的。

案例5－2

在红河县政府侨办祝金荣主任、跑马路社区居委会白琳副主任及相关人员的帮助下，调研组于2009年1月23日组织安邦村各社、各民族代表50人在原安邦办事处进行了问卷调查，来参与调查的各个年龄段的村民很少有穿着民族服饰的。

3. 节庆日同过

春节、清明、端午、中秋、七月半（祭鬼）、中秋、冬至等节日，村里不论是彝、哈尼还是汉族人基本都过，过节方法、时间与汉族大致相同。大家都要打扫卫生、杀猪杀鸡、舂糯米粑粑、制作丰盛的食物等。而像少数民族的矻扎扎节、火把节、十月年等节日，汉族人特别是汉族年轻人一般都参与庆祝。

4. 婚姻礼俗逐渐趋同

在安邦村里，娶媳妇嫁姑娘现在已没有鲜明的民族特色。随着时代的发展，现在的青年男女基本都是恋爱自由、婚姻自由，送人亲钱、给的聘礼嫁妆的数额等，几个民族大致相同，都是根据实际经济情况和关系给，不会因为民族不同而少给或多给。随着经济的发展，其数额呈递增趋势，“人亲”由以前的一两块钱升到现在普遍的数十元、上百元不等；聘礼由以前的不给或给几十、几百块钱到现在的数千元；嫁妆由以前的不给或随便给些床单、脸盆等到现在给电视机、洗衣机等家用电器。

案例 5－3

马四能，46 岁，女，彝族，在改革开放初期结婚。聘礼：一套床上用品，皮箱，钱 200～300 元。嫁妆：一套衣服，脸盆。人亲 5 元。婚宴消费：男方摆酒席 10～20 桌，女方 5～6 桌，都是在家里摆，女方花费 200～300 元。

案例 5－4

李富华，57 岁，男，汉族，小学一年级学历，1975 年结婚。聘礼：一头猪，60 元。没有陪嫁物品。人亲 1～2

元，或给米、香皂、茶缸。据李富华说，更早的人结婚时不给办事，只给喝点糖水，请客办事会被人认为铺张浪费。1996 年，李富华大女儿结婚，招四川人当上门女婿，没给钱。2005 年小儿子结婚，聘礼：电视机，1600 元钱；亲戚朋友送的人亲 30 或 40 元，还有人送床单。婚宴消费：小儿子在家里摆了 15 桌左右，每桌 8 个菜，花费 2000 多元。

案例 5－5

李云飞，女，28 岁，小学，哈尼族，2000 年结婚。聘礼：床上用品。嫁妆：棉被。人亲：送 50 元的较多，送 100 元的相对少。婚宴消费：40～50 桌，在县委招待所办，花费 5000～6000 元，由男方家置办。

5. 宗教观念相近

安邦村里有一个寺庙——安乐寺，以前汉族人去祭拜得较多，而这几年去安乐寺的人中哈尼族、彝族人也开始增多。村里人对宗教的普遍看法都是祈求保护家人平安，寻求精神寄托。对信不信教都持“信教自由”、“不应予以干涉”的态度。

分析民族融合加剧的原因，笔者认为，一是各民族间通婚现象明显。二是有其历史根源，当年赶马帮盛行期间，彝族人就多跟着汉族老板一起赶马帮，打下了一定的基础。三是经济往来频繁，特别是哈尼族、傣族人后来迁到安邦村后，由于没有土地，只能与汉族和彝族人家“分边”，即耕种对方的土地，庄稼收获后与对方对半分。勐甸等周边村寨的傣族人家也会与安邦村民“分边”。四是日常生活来往频繁。

案例 5－6

张丽芳，女，彝族，46 岁，农业户口，安邦五社人。家里有 1 个老人、2 个小孩，加上夫妻俩共 5 口人。家里的田不到 1 亩，以“分边”形式给同村的一家傣族人家耕种，每年的收成两家各一半。

第二节　宗教信仰

安邦村内哈尼、彝族人中均有部分信教群众，他们主要信仰佛教和原始宗教。平时进行的宗教活动也主要是一些祭祀活动。这些活动，表达着不同民族特有的热情和传统文化，以及各族人民对生命的热爱和对幸福的追求。由灵魂崇拜、祖先崇拜、自然崇拜构成信仰的主要内容。

一　原始宗教祭祀

（一）哈尼族宗教祭祀

哈尼族普遍信仰以万物有灵为核心的原始宗教。自然崇拜、祖先崇拜和灵魂观念构成信仰的主要内容。他们认为天、地、山、水、风、雷、雨、电、地震、日食、月食、冰雹和人类自身的生老病死现象为神灵所主宰。一年间固定的宗教祭祀活动主要有祭寨神，称“昂玛突”或“普玛章”，以村为单位，于农历正月第一个属龙日举行。二月祭地神，三月祭山、祭火，五月祭水，七八月祭谷神。此外还有以户为单位的各种祭祀活动。改革开放后，人们的宗教祭祀活动逐渐简化，没有按照严格的程序来进行。

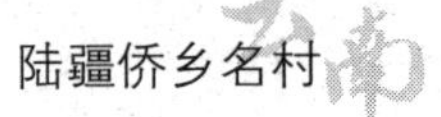

（二）彝族宗教祭祀

彝族信仰万物有灵的原始宗教，普遍为自然崇拜、鬼神崇拜和祖先崇拜。他们认为天、地、日、月、星、山、水、火是神的化身，每年分别定日祭祀。他们认为“母咪”（天神）是造天，造地，造人类和万物的神，掌管着人类和万物的生死等等。他们认为天是属鼠日生，地是属牛日生，人是属虎日生，故每年春节后的鼠日祭天，牛日祭地，虎日叫魂。农历正月第一个属牛日祭寨神，称“咪嘎毫”。

二　其他宗教活动

除原始宗教信仰外，安邦村民间主要开展的宗教活动是佛教活动，安邦村的安乐寺是该村信教群众做佛事的场所。安乐寺始建于清末，信教群众达 90 人左右，由寺庙管理领导小组成员 7 人严格按照党的宗教政策正常有序地开展宗教活动。信教群众以哈尼族、彝族人为主，还有少部分汉族、傣族人。信教群众大多数年龄在 40～60 岁之间。

“文化大革命”期间，由于不少寺庙被拆除或改作他用，不少佛像被捣毁，红河县佛事活动停止。到目前为止，全县共有 35 处（座）大小佛教寺庙活动点，约有信教群众上万人，其中信徒共有 1400 余人，多为汉族、彝族人，正规受过戒的信徒有 60 人，皈依 23 人。全县 35 处大小佛教寺庙活动点，大多属于村寨的传统小庙，经政府正式批准开放活动的只有 3 处（座），安邦村的安乐寺是其中之一，县政府于 1988 年 5 月批准其开放。

虽然信教群众不多，但安邦村的调查问卷显示，大家对宗教和信教群众的看法都比较积极，在“对宗教信仰的看法”一题中，被调查对象大多选择了“寻找精神寄托”和“为保佑全家平安”两项；大部分村民都表示“信仰自由，应该允许”。另外，很多村民都相信“善有善报，恶有恶报”，“死生有命，富贵在天”这样的说法。

由于有些年间偏远山乡有人进行非法传教活动，红河县一直以来都非常重视宗教管理，按照我国民族和宗教政策，通过各种措施加强管理，使宗教活动在法律范围内有序进行。红河县一是认真贯彻执行了党和政府的有关的民族宗教政策和规定，坚持宗教信仰自由，按照“保护合法、制止非法、抵御渗透、打击犯罪”的方针做好宗教事务的管理工作。红河县先后于1986年12月、1988年5月、2005年2月批准开放了西云寺、安乐寺和宝林寺三所佛教活动场所（见表5－1）。二是坚决取缔非法宗教组织，打击非法宗教活动，维护了当地的社会稳定和民族团结。三是严厉打击乱建寺庙活动，依法拆除非法乱建的佛教寺庙。四是坚持宗教必须与社会主义社会相适应的原则，反对宗教干预政治、干预教育、干预政务。五是县委有一名县委常委、政府有一名副县长分管和联系宗教工作。六是县委统战部宗教局代表县委政府对全县宗教工作进行调查研究，加强了对宗教工作的管理。

但是边疆地区宗教管理工作也存在一定的困难和问题，主要表现在以下四点。一是宗教工作人员少，工作量大，难以开展好全县的宗教工作。二是由于红河县宗教场所大部分在边远落后的地区，给管理工作带来了很大的影响。三是工作经费紧缺，有些工作想到而做不到。四是群众政策理论水平不高，整体素质不强，对党的宗教政策和法律法规知识有待进一步加强学习，整体素质有待进一步提高。

特别是一些别有用心的人士或组织会利用偏远地区的人民文化水平不高的弱点，以宗教为幌子，进行非法宣传。这些都给工作带来了一定的难度。

表 5－1　红河县安邦村依法登记的宗教活动场所情况

单位：红河县宗教事务局　　　　　　　日期：2006 年 12 月 15 日

寺庙地址	寺庙名称	建盖时间	批准单位	信教群众人数	备注
迤萨镇安邦村	安乐寺	始建于清末	1988 年 5 月县委统战部批准开放	平常 100 人左右，大会期间 150 人左右	—

注：资料取自《红河县宗教管理局 2006 年工作总结》。

第六章　教育卫生

红河县的教育开办得较晚，最早可以追溯到明代。明末清初，侨村安邦所在的迤萨始办私塾。自清代雍正、乾隆以后，兴办教育逐渐增多，教育由此初具雏形，随后渐兴。新中国成立后，教育快速发展，侨乡教育展现出新的局面，虽地处边疆，这里仍然人才辈出，而从家乡走出去的这些有识之士都热爱和关心着家乡教育事业，甘愿为家乡教育事业默默奉献。从清代出现的私塾，到义学、书院，再到新学和发展至今的现代教育，时兴时衰，但红河县人探索教育的脚步从未停止。

安邦村目前建有小学一所，面积 2131 平方米，有教师 15 人。村里的小学生一般都到安邦小学就读，初中学生到红河二中就读，高中学生到红河一中就读。目前，新建的红河县一中也搬迁到原安邦村的西坡上。2008 年该村义务教育在校学生 365 人，其中小学生 312 人，中学生 53 人。

红河县的医疗卫生情况也有所改善。目前村里设有卫生所 1 所，乡村医生 2 人。①

① 资料取自《迤萨镇完小 2008 年工作总结》，由迤萨镇完小校长王祖厚提供。

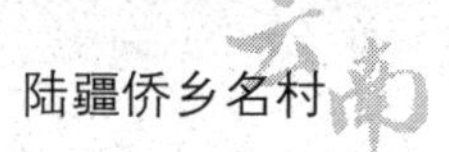

第一节　教育变迁脉络

民国初期，红河县小学教育发展得十分缓慢，中学教育更是一片空白。造成这种状况的原因是资金不够，办学者只能靠地方公益资金来办。虽然倡导兴办新学，但私塾在这个时候仍然废而不止，在此后一段时间内，私塾与新学并存。这种状况一直持续到民国末期，延存的私塾才逐渐被新学所取代。之后，侨乡迤萨及周边部分乡镇先后办过女子小学、幼儿班、简师班、边疆中学等。

一　传统家庭教育

目前有记载的有关红河口传知识教育的文献较少，相关资料我们只能从熟悉当时当地情况的年长的人们口中零星得知。

女孩长到六七岁时，家里人就要求她们缠小脚，家长经常给小女孩灌输一些观念，比如“大脚怎样好，上山打猎好；小脚怎样好，吃酒坐席好”，“女人是枝花，灶前灶后铲锅巴；女人是枝花，在家领娃娃”，“长兄为父，长嫂为母”，“姑娘赔钱货，嫁了姑娘卖了田”等。

六七岁开始，女孩子就要跟着母亲或姐姐学做小孩子衣裳、纸衣等，七八岁就要正式开始做衣裳，还要学会作画，多半是在家里学家里人做，有时晚上还要点着油灯做鞋子。这些针线活女孩即使不愿意，父母也要逼着她做。父母认为，针线活天生就是女孩子做的，每个女孩都必须会做，女的不会做针线活就像男的不会赶马一样，在当时的安邦村会被视为无能，会被人看不起。

那个时候，婚姻都是父母包办，出嫁前，男女双方一般都没见过面，也不知道对方长的是什么样的，要等到嫁过去了才知道对方的样子，家长也一般不会给女儿交流恋爱经历之类的事，因为大家都没经验，也就没什么恋爱经验可以传承。所以，当时“蒙着头，嫁出去，情不合来意不投”这样的谚语很流行。嫁出去了，女方家长就会传递这样的一种婚恋观念给男方家长，即“活是你家人，死是你家鬼，你打你骂我不心疼”。另外，当地家庭也不怎么会给子女传承生育经验，只是将一种观念灌输给子女，即“发早财不如早生子”。

二　传统私塾教育

明末清初，汉人开始迁入，迤萨始办私塾。清代中期，“江内”人渡江来“江外”迤萨经商的人增多，受到了内地汉儒文化的影响，私塾逐渐增多。[①] 清末民初，私塾最为兴盛，其形式多样，开办私塾的地区不断增多。民国中期，部分私塾与新学并存，民国后期，私塾逐渐退出历史舞台。从清道光年间到新中国的成立这段时间内，红河县共有私塾 126 所，塾师 177 人，学生 3105 人，规模很大。

私塾开办的形式可分为三种：一是豪门富户请内地塾师上门教授，培养本家子弟；二是本地塾师在家中设学，各方子弟前来求学；三是几户或十几户联合请塾师授教。其中又以前两种形式居多。

私塾一般都由有钱人开办，开办私塾的目的有三个。第

① “江内”、“江外”为红河县人自己民间的称法，当时以红河为界，“江内”指红河以北，“江外”为红河以南。

一是让自己子女学习，将来能写些书信、请柬等日常应酬文。第二是为了让孩子有个好出路，希望孩子以后能当官。当时人们有一种思想：“家无读书子，官从何处来？”第三是为了继承孔孟之道。所以除了有钱人，当时上私塾的多数是汉族人。私塾也主要办在汉族人村寨所在地，授课的一般是本地文人，大户人家。

私塾授课均由老师在同一学堂教授，学生年龄悬殊，程度不一，同窗分教。有的按程度分低、高级部。初入学新生为低级部，老生为高级部，学完两级的全部课程为结业，成绩达不到要求的重学一遍。低年级以学习《三字经》、《百家姓》等相对浅显易懂的小本为主；高年级除了要学习《大学》、《中庸》、《孟子》、《论语》、《诗经》、《易经》、《春秋》等儒家经典外，还要学习一些买卖契约、来往书文、状纸等的写法。

私塾校舍一般设在寺庙或私人家里。选定地点后，正中设师席方桌一张，墙上挂孔子画像，无画像的，便写上“大成至圣先师孔子之神位”的条幅供在正中。塾师坐在旁边讲学，学生围坐在桌子周围听课。塾师教学要求学生死记硬背，重视读写背的基本功。教一篇，背诵一篇。学规很严，每天分为上午和下午两段时间，学生每天早晨到学校时要先到老师住处向老师请安，向孔子神位行礼，接着背书，然后才上课，无课间休息时间。中途要大小便者，到老师处领一把戒尺，戒尺上写着“出则有规，入则有礼”，返回时交回原处。学生违反学规，就要用戒尺惩罚，一般分为打手心和打屁股两种。

第一代塾师大部分都是内地到江外的经商、逃荒者，多数为汉族人。第二代塾师有汉族人，也有为数不多的当地私塾毕业的学生。塾师经济待遇一般比较微薄，报酬俗称“六聘礼”，分三种情况付酬。一是由一户或几户家庭供膳，供膳者可少交或不交“六聘礼”。二是塾师自炊，每个学生每年交大米2斗（30斤）、猪油2斤、红果油2斤、盐巴或灯油2斤、鸡蛋20个、花生1斤。三是每个学生每年固定交塾师一定半开（银元），让塾师自备生活用品，并按学生成绩分为三等：优等生交9~10块，中等生交5~8块，差等生交3~5块。交钱的数量随年级递增，年纪越高，交钱越多。

塾师一般受到学生、家长及社会各阶层人士的尊敬，逢年过节、婚事、丧事，群众都请塾师去书写一些相关的文字材料，群众对他们都敬如宾客，以酒肉相待。有的地方到了端午、中秋等节日，学生还给塾师送礼品，但总的来说，塾师的生活是清苦的，收入微薄，难以养家糊口，所以流传着一句话，“书生没落，下乡教学，糊了己口，饿了老婆”。

安邦村因与迤萨相邻，孩子早期教育大都送到迤萨的私塾里，后来本村也开办过私塾教育。

民国后期，私塾慢慢退出舞台，有女子学校出现，男女校分开。女子学校最初由迤萨镇教育改革者何望霖创办，他也曾任女子学校校长。①

三　民国时期的教育

民国时期迤萨镇只有迤萨小学一所学校。1948年办了一所边疆中学，但一年以后，也就是新中国成立后，很多

① 何望霖，是红河县当地比较有名的教育先驱。

学生都闹革命去了，边疆中学就此夭折。

20世纪三四十年代也是迤萨人走烟帮、下坝子的鼎盛时期，很多青壮年都赶马去了，去学校教书被认为是无能的，所以学校的老师多数都是女的，或者读了好几年书、年龄稍长的男子，要么就是从外地来搞地下工作的。老师这个职业在那个时候也不是“铁饭碗”，一个学期发一次聘书，如果哪个学期没拿到聘书就说明你已经被解聘了。工资是一年级、二年级的老师一个学期80块“花钱”，三年级以上的是100块“花钱”。因为很多老师都是小学毕业了又返回去教小学，都不知道怎么教，基本上是照本宣科，老师怎么教他们，他们毕业了又同样地去教学生。

学校在文庙时，每年的八月份还要杀牛祭孔，全部老师行三鞠躬，选一个人出来念祭文。安邦村因与迤萨相邻，孩子小学时大都送到迤萨小学学习。

四　新中国成立后的教育变迁

1950年，红河县所属各地相继解放。当然，这里地处偏远，在很长一段时间内，人们仍然保持着一种独特的家庭教育方式，用这些方式传承着生活中的一些观念，而这些观念又是在学校里学不到，也很难用现代的方式去改变的。

（一）小学教育

1951年，红河县人民政府正式成立，设置了文教科，安邦小学复学，教育开始驶入正常化轨道。党的十一届三中全会后，安邦小学教育得到稳步发展。

总体来说，安邦小学目前正处于发展的上升势头，发展态势良好（见表6－1）。不过，因红河县现在是教学综合改革试点地区，其中包括人事制度改革等，所以安邦小学的教师心理压力大。改革也存在很多难度，学校的教师和学生比例规定必须是1∶21，这样一来，就存在人员超编的现象，需要分流一部分人，这里面就有很多问题要考虑，但不改组分流，工资又实行总额包干，即用全县小学教师工资总额来求平均数。小学高级教师多，给改革造成了很多困难。

据该校部分小学教师反映，在这种情况下，教师们都如履薄冰，经常在休息时间内单独或集体辅导学生。边疆地区，少数民族学生基础又差，所以在这个地方从事基础教育工作不仅仅是“时间＋汗水”的问题。

表6－1　红河县2010年小学规划表

学校代码	学校名称	2010年规划			
		覆盖范围（村民小组）	其他决定布局的原因	办学规模预测	
				班数（个）	学生数（人）
5325 2900 1003	迤萨镇安邦小学	一社、二社、三社、四社、五社、六社、七社、八社	地形、道路、城镇建设	10	450

注：迤萨镇完小校长王祖厚提供此表。

（二）中学教育

红河迤萨地区中学最早办于1948年。同年9月，在迤萨开办边疆中学。1952年创办红河县初级中学于县城小寨包公庙，1958年初级中学更名为红河一中，始办高中。

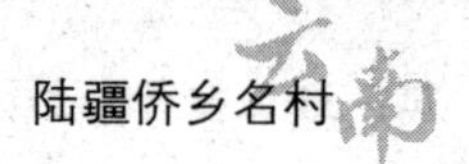

1978 年，全县教育战线拨乱反正，对中学教育进行逐步调整，中学教育逐步正常开展。通过几十年的努力，侨乡中学教育取得显著发展，无论从发展速度、教学规模、教学设备、师生人数到人才培养质量等方面都取得了显著成绩，升入大中专院校的学生逐年大幅增多，为社会各条战线输送了大量人才。

因红河县地处边疆，交通不便，经济相对落后，与其他发达地方相比，人民文化素质总体相对较低，因此，除建立常规的教育系统外，当地相关部门还开办了进修学校、半耕半读学校、半工半读学校、商业学校、扫盲教育课程、职工文化补课班、农业中学、简师班等，培养了大量的实用技术人才，为支持当地建设，提高当地人民文化素质作出了不可磨灭的贡献。

第二节　村级教育

一　概况

安邦村目前有一所小学，以前叫安邦小学，由于教育资源整合利用，2008 年，安邦小学与莲花塘小学合并为红河县迤萨镇完小。完小下设两个办学点——安邦小学和莲花塘小学，但只有安邦小学是完小。

红河县迤萨镇安邦小学有几十年的办学历史，新中国成立以来一直在安邦村的寺庙里办学，先后为各类学校输送了大量人才。1994 年，学校拆除部分老庙，建盖了一幢两层共六个教室的砖混结构教学用房。由于县城西扩，部分水库区居民（俄垤水库）移往安邦村，1996 年教学楼因此又加盖第三层，基本满足当时办学条件的需要。

鉴于县城的进一步扩大，大部分移民、打工者涌入县城，安邦小学教学点教学条件远远容纳不了如今的生源，学生由1996年时的150多人发展到300多人（2008年11月统计数据），教师由当时的10人左右发展到十几人，并发展到中心完小的规模。现有七个教学班，学前班一个，一至六年级各一个班，学生班额达50多人；有教师19人，其中18人为小学高级教师，未评聘教师1人。由于学生的增长速度快，原有的教学条件满足不了需求，经镇政府及教育局、县侨联与有关部门联系，2004年底征得省、州、县侨联的关心，得到旅法华侨刘巽坡先生的资助（20万人民币）。各级政府配套部分资金，将安邦小学所有危房全部拆除，重新规划，新建了一幢三层722平方米的“艾格教学楼”，此楼也称“侨心”教学楼。工程于2004年底动工，2005年6月竣工验收，2005年9月投入使用至今（见图6－1、6－2）。

图6－1　法籍华侨刘巽坡先生（中）捐资建盖安邦“侨心”教学楼

图 6-2　安邦小学“侨心”教学楼

几年来，师生们在宽敞明亮的教室里教学，心情十分舒畅，信心十足，成绩喜人。近三年来，迤萨中心完小的成绩都是红河县同类地区第一名，2008 年的迤萨中心完小学生的数学毕业成绩为全县第一名，得到社会和同行们的肯定。如今，师生们能在宽阔的校园内活动，有十足的安全感，彻底改变了在大街上做课间操、晒场上上体育课的历史。新教学楼、新建的大门、围墙、运动场融为一体，完全改变了昔日安邦小学的面貌。

二　发展规划（2006～2010 年）

（一）学校现状

迤萨镇中心完小下辖两个办学点，分别在县城东西两头，已有近百年的办学历史。现有 14 个教学班（其中一至六年级 12 个教学班，学前班 2 个）；在校生 401 人，适龄儿童入学率达 99.8%；共有教职工 26 人，教师学历合格率为 100%。

（二）存在的主要问题

（1）基础设施薄弱：没有教师住房，教师每天往返几公里的路程进行教学；有相当严重的损坏房无法排除；体育场地不能满足教学的需要。

（2）教学设备不足：教仪配备差，仅靠教师自制的一般教具教学。

（三）学校的总体发展目标

（1）加大投入，努力改善办学条件。

（2）加强内部管理，健全和完善各种制度，形成以人为本的管理体系和评价激励机制。

（3）提高教师队伍的整体素质，使骨干教师、学科带头人队伍不断壮大，并发挥重要作用。

（4）两个办学点的教学质量争取乡镇同级同类学校前茅，因地制宜办好学校，努力成为州级文明学校。

（5）巩固“普九”成果，提高人民的整体素质。

（6）加大学前教育的办学力度，提高学前教学质量。

（7）继续抓好入学巩固工作，努力使入学率、巩固率保持在 99.8% 以上，完学率保持在 98.5% 以上。

（四）学校布局及办学规划目标

迤萨镇是红河县移民安置区、县城扩建区，应扩大安邦小学、莲花塘小学规模，以确保本镇适龄儿童和移民子女及农民工子女入学。

（五）学校基础设施建设规划

1. 安邦小学

根据《农村普通中小学校建设标准（试行）》，安邦小学目前需配校舍：实验室71平方米；图书室25平方米；微机室54平方米；语音室54平方米；学生宿舍310平方米；学生食堂122平方米；浴室24平方米；厕所60平方米；运动场1350平方米；绿化带50平方米。需投入资金91万元。

2. 莲花塘小学

目前需配校舍：实验室71平方米；图书室25平方米；微机室54平方米；语音室54平方米；学生宿舍203平方米；学生食堂122平方米；浴室24平方米；厕所60平方米；运动场2000平方米；绿化带100平方米；大门20平方米；围墙930平方米。预计需投入资金190万元。[①]

三　师资力量

安邦小学教师目前学历大多数是中专，其次是大专，没有本科以上学历的教师，据完小校长王祖厚介绍，很多本科毕业生都不愿意到这个地方来。学校目前教师年龄结构也不合理，多数是20世纪60年代出生的人，平均年龄偏大，给学校带来了一些影响。

四　侨心小学

安邦村早期有很多赶马帮出去并留在海外成家或重新

① 以上相关资料根据实地调研和遮萨镇中心完小所提供的相关资料整理而得。

组建家庭的人，导致安邦村现在有很多侨眷侨属，形成侨村。这些在海外的人士不忘家乡，用自己的实际行动支持家乡建设，同时也带动了其他地方的一些侨民开始捐赠财物，支援家乡发展建设。于是有“侨心”教学楼悄然建起。以下就是笔者在红河县了解到的关于安邦小学“侨心”教学楼建设相关情况的记述。

以前的赶马帮今天已成了活跃在海外的众多华侨中的一分子，不管贫穷还是富裕，他们已经开始在用自己的方式关注和支持着故乡的发展，迤萨西山公园阁楼、文星阁、新庙等均为华侨和侨乡人民捐资兴建。扶贫先扶智，治穷先治愚。现代化高速发展的今天，看到地处边疆的故乡教育已明显处于不利位置时，华侨们又开始为侨乡教育出谋划策，有些侨民慷慨解囊，捐出大笔资金，为侨乡教育事业献上作为侨民的一片心意。2004 年，法国华裔刘巽坡先生捐资 20 万元人民币，兴建侨乡迤萨镇安邦小学教学楼，2005 年 6 月 28 日教学楼正式落成，人们将其称为“侨心”教学楼，将安邦小学称为“侨心小学”。这一天，对于云南省红河县迤萨镇乃至整个红河县全体人民来说，都是个值得纪念的日子。

“侨心”教学楼共投资 39.6 万元，除去刘巽坡先生捐的 20 万，红河县委、县政府拨款 19.6 万元。

2009 年 1 月 21 日，笔者走进安邦小学，映入眼帘的是窗明几净的一幢新教学楼和一幢旧教学楼，连上简单的围墙和两个用水泥新砌成的大门墩子被很多中西合璧的古式房子包围着。宽敞明亮的新楼，即新落成的“侨心”教学楼共有 3 层，每层 3 个教室，共 9 个教室，占地 660 平方米；旁边的旧教学楼也是 3 层，共有 8 个教室。

2005年，安邦小学共有8个班（其中1个学前班，六年级有2个班），共335名学生，19名教师。已50岁、从村寨到乡里再到县城、从事小学教育工作已31年的王祖厚校长沧桑的脸上始终保持着幸福的微笑。按照以前，只有8个教室，有些教室硬是塞进了70多人，影响了教学效果，也苦了孩子。“侨心”教学楼的建成一下子使教室增加到了17个，其中一个教室做微机室，一个做多媒体教室。“再引进几个教师，以后孩子们就舒服多了。”王祖厚一边说着，手还不停地在比划。

而令王校长高兴的还不仅仅是新教学楼的落成，上级相关部门、各位领导和迤萨镇安邦社区对教学楼建设的极大关心和支持也同样令他很感动。他举例说，州侨联、红河县委、县政府经常组织召开会议，讨论教学楼的建设进展问题，县教育局、县侨联、质检局等领导经常过问甚至跑到工地上去监督施工，找的施工单位也是在红河县信誉度最高的建筑公司。每次会上，领导提得最多的是质量问题，强调得最多的是合格问题。而为了支持这幢教学楼的建设，迤萨镇更是将紧挨着学校的一个池塘的2/3无偿地贡献出来，让施工方填上土，以供小学建设操场之用。

得到这些关心，王祖厚很感动，干了几十年基层教育工作，他连称“值”，“以前学校太破烂了，有危险，现在好了，要珍惜，仍然要一步一个脚印地走下去”。他的脸上挂满了满意。走进学校的办公室，“三爱”、“三全”、“三让”（“爱教育、爱学校、爱学生；全面贯彻党的教育方针、全面推进素质教育、全面提高教育教学质量；让社会满意，让家长放心，让学生成才”）等标语在黑板上清晰、硬朗地显现着，或许这也代表着王校长，以及侨乡基层人民教师最基本的心声和决心。

领导对“侨心”教学楼的重视程度，负责此项工程的落树才工程师是感触最深的，他说：“领导每次开会都要求所用的沙石必须好，水泥标号要足够。过不了几天，除了开会，大大小小的文件又接踵而来，土方、钢筋、浇灌、磨板等必须等县质检局检查完一个环节，达到合格后，下一个环节才能进行。”

为什么一幢简单的教学楼，会牵动这么多部门和领导的心呢？在2005年8月3日上午召开的“侨心”教学楼竣工典礼方案讨论会上，红河县县委副书记张春说：“对于教育的事，我们一点也不能放松和马虎，特别是这种由侨商捐建的，我们又是个侨乡，更应该认真严肃地对待。”而红河州侨联副主席李艾频则认为：“侨心小学的建设为红河侨乡做了件实实在在的事情，为当地县委、县政府解决了一道难题，为红河县教育、孩子入学提供了硬件。另外，‘侨心’教学楼是云南省红河州利用侨资兴建的第一幢教学楼，这件事情圆满完成，将会对红河下一步引进侨资提供有力说明，创造有利条件，同时也是对提供此幢‘侨心’楼建设资金的刘巽坡先生的一个交代。”

附：红河县迤萨镇安邦侨心小学“艾格侨心教学楼”碑记[①]

重教兴学，乃中华民族的传统美德。爱国侨胞刘巽坡先生，身在异国他乡，心系祖国教育，经上海侨联牵线，省州县侨联搭桥，巽坡先生慷慨解囊，捐资20万元，援建

① 云南省红河哈尼族彝族州归国华侨联合会提供。

安邦小学教学楼一幢，缓解教室不足之虞。

工程于公元2004年10月动工，历时9个月，2005年6月竣工。由县人民政府配套19.6万元，县城建局设计，县宏安公司施工，一幢共计投资39.6万元，建筑面积660平方米的侨心教学楼拔地而起，矗立在西南边陲小镇、云南省第二大侨乡迤萨镇安邦村，她像一座不朽的丰碑，将永远铭记在红河县各族群众的心中。为此，特立石以示永久的纪念。

五　教育指标完成情况

据笔者了解，安邦小学严格按照规定完成相关教学指标，多年来，小学入学率都超额完成指标，达到99%以上，只是小学升学率完成率相对较低，一般是60%多。总体来说，学校对控辍保学工作一直比较重视（见表6-2、6-3）。迤萨镇中心完小2008年11月4日上报县教育局的《红河县迤萨镇中心完小2008年控辍保学目标责任自查报告》里记述：

> 在近五年内，我校也进一步加大控辍保学工作的管理力度，使在校学生的年巩固率达到指标的要求，并且要求班主任、教师及时注意了解掌握学生的思想动态，做好学生的思想工作。
>
> （1）校长是控辍保学的第一责任人，成立以校长为组长的依法治辍工作领导小组，认真落实《学籍管理工作计划与措施》，每位成员的工作态度及工作表现、工作成绩均与每学年一次的履职考核挂钩。
>
> （2）对有辍学倾向的学生加强思想教育，加强家

访，与家长沟通，多做工作，强调辍学后果，直至做通监护人的思想工作，保住学生正常学习为止。

(3) 对辍学的学生，主要采取报告制度，属何种责任，即由该班教师责任到人。由于工作及时到位，没有做工作不返校的学生，达到了控辍保学的目标。

(4) 对有厌学心理的学生，采取深入调查的办法给予解决，找准问题、对症下药。不论有何种困难的同学，学校一律同等对待，收到了好的效果。

(5) 严格执行国家课程计划，做到开齐课程，开足课时。各种课程在授课表中明确排列，尤其是通过“三生”教育课的开设，学生加深了对学习知识的重要性的认识，一改过去只为“学习而学习”的观念，为自己的成长打下好基础。

(6) 没有分设重点班或非重点班的现象，凡在两所完小就读的学生实行统一看待，不因学习有困难而向学生实施挤压、造成辍学。

(7) 有专门负责控辍保学工作的副校长，定期向各年级收集辍学情况。凡有辍学现象，及时上报镇政府和教育局基教科。

(8) 严肃遵照杜绝乱收费的政策，除正常落实“两免一补”及对低保护、特困户、贫困户子女实施救助外，还将所有补助经费发放到学生手中，确保学生不因贫困而辍学。

(9) 切实健全学生的学籍管理制度，除在本校正常就读的以外，对于转入、转出我校的学生学籍进行认真管理，确保义务教育阶段儿童受教育的权利。

通过这些深入细致的控辍保学工作，安邦小学确保了安邦村及周边部分村庄义务教育阶段的孩子能够受到正常的教育，提高了当地群众的整体文化素养。

表 6－2　迤萨完小 2005 年教育指标完成情况

单位：%

小学入学率			小学辍学率			小学毕业升学率			小学六年完学率			小学危房控制	脱盲人数		
计划	完成	超减	计划	完成	超减	计划	完成	超减	计划	完成	超减	2005 年完成	计划	完成	超减
99	99.79	+0.79	0.5	0	+0.5	99.16	66	－33.16	100	100	0	0（无危房）		0	

注：迤萨镇完小校长王祖厚提供。

表 6－3　迤萨完小 2005 年适龄儿童入学率等指标完成情况

单位：%

少数民族入学率	小学女童入学率	15 周岁初等教育完成率	3～6 岁幼儿入园（班）率	小学危房控制率
100	100	100	100	0

注：迤萨镇完小校长王祖厚提供。

第三节　医疗卫生

随着卫生事业的发展和人民生活的逐步改善，安邦村卫生面貌焕然一新。侨村安邦得益于现在城乡卫生医疗防治网的形成，各种疾病得到有效防治，人民群众的身体健康状况有了切实保障，平均寿命明显增高。计划生育工作成效明显，节育率逐步上升，人口自然增长率得到有效控制，开始扭转了盲目生育的状况。

一　概况

侨村安邦距离红河县人民医院仅 1.5 公里，而距离迤萨镇卫生院 8 公里，因此，该村村民的医疗主要依靠红河县人民医院。安邦村目前设有卫生所 1 所，是 2008 年 11 月 19 日安邦卫生所和跑马路卫生所合并组建的，属迤萨镇卫生院下设的安邦定点医疗机构。村卫生所地址设在原安邦村委会办事处一楼，安邦村头池塘旁边，面积有 10 余平方米，有乡村医生 2 人，平均每天治疗3 ~4人。卫生所基本能满足村民治疗一些常见病、多发病的需要，但大病还是得到离村有 1.5 公里的县医院医治。该村建有公厕 2 个，垃圾集中堆放场地 1 个，村内生活排水沟渠设施 1 个。

安邦村与红河县城、迤萨镇政府、跑马路社区相邻，和这些区域一样，多见一些感冒、痢疾、女性常见病等，无群体性特殊病或地方病。7、8 月份多见痢疾、伤寒。冬季多见感冒和呼吸道感染相关疾病。

红河县没有爆发过群体性疾病、大病，只是以单个人染病的形式出现。但是对于大病及艾滋病等的防治高度重视，采取成立组织、建立制度、在村头巷尾粘贴标语、加强环境卫生、社区工作人员深入宣传等方式，对相关疾病进行积极宣传，加强预防，取得了很好的效果。

二　新农合情况

安邦村卫生所目前有 2 个乡村医生。其基本情况是：薛茹瑜，女，汉族，1981 年生，毕业于红河州卫生学校乡村医生专业，以前在跑马路社区卫生所做医生 8 年，2008 年 11 月 19 日安邦卫生所和跑马路卫生所合并后来到安邦卫生所；马玲娅，女，汉族，1972 年生，毕业于蒙自职业高级中学乡村医生专业，在安邦卫生所工作 10 年。

2006 年底，安邦村参加农村合作医疗 766 人，参合率 90%；全村参加农村社会养老保险 30 人，占全村农业人口总数的 3.5%；五保户人员 10 人，享受低保人数 72 人。2008 年，安邦村参加农村合作医疗 226 户，775 人。[①] 村民参加“新农合”的方式是：每人每年交 10 块钱，生病住院后可报销 40% 的费用；2009 年开始，每人每年交 20 元，可报销 50%。一般是病人出院后直接盖上减免章就可现场减免，无需太多手续。

当地“新农合”相关事宜由红河县农村新型合作医疗管理办公室负责。由于安邦卫生所是迤萨镇卫生院的下设定点医疗机构，药品直接由迤萨镇卫生院提供，收入也全部归迤萨镇卫生院，卫生院再按一定比例上缴县农村新型合作医疗管理办公室。安邦定点卫生所两位乡村医生的工资是以“提成”形式发放的，其中，治疗费提 90%，药品费提 15%。

侨村安邦“新农合”目前存在的问题：一是该村卫生所太小，仅有三张床位，病人多时床位不够，有些时候病人只能坐着输液；二是设施简陋，一般只能医治常见病、小病，大病都得到红河县人民医院医治。

三　近几年卫生工作

2007 年，跑马路社区年初严格制定预防艾滋病工作方

---

① 数据来源于云南数字乡村网，安邦村村级网站，http://www.ynszxc.gov.cn/szxc/villagePage/vIndex.aspx? departmentid = 195086，2009 - 5 - 21。

案，以书刊画报宣传、培训班、广播、黑板报等形式，开展了一系列预防艾滋病的工作。

1. 成立组织机构，排查流动人口

成立工作领导小组，设立办公室及办公室主要负责人，在各条街道设立工作联络点，由各条街道小组长联系，进行动态监督，定期向小组汇报工作情况。笔者从跑马路社区 2007 年 3 月 3 日的一份文件中看到，该社区成立的 2007 年预防艾滋病工作组织机构是：社区总支书记、主任高伟明为组长，社区副主任高云为副组长；社区委员白琳、白正能、高伟福，街道组长王凤玉、李孝能、杨树林、杨粉英、廖素萍、吴堵博、杨凤秋、马美英，安邦一社组长马陆发、安邦四社组长廖其昌、安邦六社组长戴凤云、安邦三社组长马四能、安邦七社组长李富云为成员。该组织办公室设在跑马路社区办公室内，由白琳负责日常工作事务，与各条街道组长联络疾病预防工作。另外，为加强预防，还对流动人口进行排查，加强动态管理，对流动人口的婚情孕情做好记录，配合民政部门做好婚前婚检工作。

2. 利用各种宣传渠道，定期开展宣传教育

如 2007 年内共开展了三次预防艾滋病宣传教育活动，特别是重点针对青少年进行了宣传教育。2007 年 1 月开办了一次青少年学习班，以案例的形式教育青少年不要误入歧途。2007 年 2 月在农贸市场大门口开展了一次以“拒绝毒品，防止艾滋，珍爱生命”为主题的预防艾滋病宣传活动，内容包括：艾滋病传播途径、如何预防艾滋病等。3 月 18 日邀请了专家对村民进行妇女健康知识教育，100 多位妇女参加了讲座。7 月 13 日在农贸市场门口用流动广播的方式进行艾滋病预防宣传，发放图片宣传资料500余份。另外，工作人员还充分利用黑板报、标语等进行宣传，每一季度出一期黑板报，在村里一年就张贴了宣传标语35条。同时，工作人员还到社区辖区内各宾馆、饭店、酒店进行流动人员动态检查，并发放了艾滋病预防宣传资料，有效防止了艾滋病在跑马路社区、安邦村等地区的传播。

四　计划生育

红河县于20世纪70年代末开始实行计划生育政策，在城乡广泛宣传计划生育这一基本国策，提倡晚婚晚育、少生优生。城镇户口提倡生育一个孩子，农村户口生育孩子不超过两个。经过多年的计划生育工作的推广，过去无节制生育的现象得到很大的改观。安邦村所属的跑马路社区计划生育工作也开展得不错，我们从一份迤萨镇人民政府2008年3月15日出具的证明中得到信息，2007年以来迤萨镇跑马路社区无计划外超生现象。在我们实地调查的安邦村50户居民中，出生于20世纪60年代以前的人，大多数家庭的子女数目都超过两个，但出生于20世纪60年代以后的村民家中，有两个子女的占到绝大多数。特别是年轻一辈的父母，已改变过去多子多福的传统思想，多数虽是出于服从国家政策的目的，但也有一部分人开始从经济和优生优育的角度来对待生育子女数目的问题。表6－4是跑马路社区人口与计划生育分户管理账安邦村部分。

表 6-4　跑马路社区人口与计划生育分户管理账（安邦村部分）

	总户数（户）	总人口（人）	育龄妇女人数（人）	已婚育龄妇女人数（人）	统计时间
安邦一社	71	333	125	72	2008
安邦二社	13	64	18	14	2008
安邦三社	14	66	21	12	2008
安邦四社	29	130	34	25	2008. 6
安邦五社	21	94	34	20	2006. 10
安邦六社	12	70	18	12	2006. 10
安邦七社	8	44	14	11	2006. 10
安邦八社	10	49	16	10	2006. 10

注：红河县迤萨镇跑马路社区居委会提供资料。

五　公共卫生

安邦村目前建有公厕 2 个，垃圾集中堆放场地 1 个，村内生活排水沟渠设施 1 个。村民反映较大的问题是厕所太少，而且离村公共活动室稍远，不能满足老年人活动等相关需要。

关于其他公共卫生情况，跑马路社区和安邦村采取了各种形式的积极措施，做得较好。

（一）开展爱国卫生清扫活动

在社区内，在村里，工作人员经常组织大家召开动员会，签订《环境卫生整治工作目标管理责任书》，利用广播、黑板报宣传等形式，强化卫生意识，并经常组织开展爱国卫生和灭鼠防疫活动。如 2006 年 4 月 5 日，跑马路社区居委会组织安邦村的村民在社区召开爱国卫生运动会。4 月 6 日，开展街道清扫活动，对安邦村、跑马新街等脏乱死角进行清扫，对乱张贴的画报、垃圾广告、街面乱堆的杂物进行清除，清理污水沟6条。2007年9月18～21日开展了卫生整治活动，工作人员安排是：安邦新村由当地街道组长自行负责检查，苏克崩、徐美芬、白琳负责安邦村检查，张素梅、白正能负责松花街道检查，王应福、高云、余静美负责跑马街检查。这次参加清扫运动的人员达到100余人。

（二）签订责任书，确保环卫工作落实到位

从县到镇，各级党委政府都重视卫生整治工作，出台了加强环境卫生整治工作的有关文件。跑马路社区为了全面推动跑马路环境卫生整治工作，也制定了目标管理责任书，每年与村小组签订，规定居民小组党支部书记为该村卫生整治工作第一责任人，要求责任人建立健全卫生清扫制度，组织完成公共卫生，督促村民做好家庭卫生（具体情况参见附后）。

附：跑马路社区环境卫生整治工作目标管理责任书

第一项　组织管理工作（20分）

1. 居民小组党支部书记任环境卫生整治考评领导小组长，居民小组长任副组长，负责辖区环境卫生工作，并解决实际问题。(4分)

2. 每年召开三次以上会议，研究部署辖区内环境卫生整治工作。(3分)

3. 辖区内环境卫生整治工作纳入议事协商会。(7分)

4. 每年开展环境卫生治理检查活动不少于三次。（6分）

第二项　环境卫生整治工作（50 分）

1. 有卫生管理组织和管理制度。(50 分)

2. 定期和不定期组织开展环境卫生清扫整治活动。(7 分)

3. 主要道路清洁，排水设施完好通畅。(6 分)

4. 主要道路两侧无垃圾堆。(3 分)

5. 主要道路两侧无粪堆。(3 分)

6. 主要道路两侧无柴草堆。(3 分)

7. 主要道路两侧无砂石堆。(3 分)

8. 主要道路两侧无乱贴乱画，无乱泼污水现象。(4 分)

9. 设有固定的垃圾堆放点。(6 分)

10. 家禽、家畜实行圈养。(5 分)

11. 街道垃圾日产日清。(5 分)

第三项　家庭卫生工作（30 分）

1. 庭院清洁卫生、物品堆放有序。(6 分)

2. 室内清洁、通风、采光良好；被褥干净，无臭虫、跳蚤、虱子。(9 分)

3. 厨房通风良好，干净整洁；不摆放有毒、有害物品。(6 分)

4. 牙刷、毛巾不共用。(4 分)

5. 勤洗耳、勤洗澡、勤理发、勤剪指甲、勤洗换衣服，饭前便后洗手。(5 分)

跑马路居民委员会　　　______居民小组

代表签字：　　　代表签字：

二零零六年　月　日

（三）开展灭鼠及相关疫情防范工作

无论在特殊时期，还是日常工作中，当地对疫情的防治及灭鼠等相关工作都非常重视。我们可以从跑马路社区及安邦村相关记录里窥见一斑。

> 2006 年 4 月 11 日，接到县卫生局通知，跑马路社区领取了 350 公斤鼠药，4 月 12 日开始投放鼠药。鼠药投放及灭鼠情况是：安邦村发放鼠药 105 公斤，共灭鼠 106 只；松花街、东兴街、红椿树各发放鼠药 70 公斤，共灭鼠 65 只；跑马南路组发放鼠药 35 公斤，共灭鼠 36 只；跑马新街发放鼠药 35 公斤，共灭鼠 35 只；跑马北路组发放鼠药 35 公斤，共灭鼠 32 只；移民村发放鼠药 70 公斤，共灭鼠 102 只；多次灭鼠共发放鼠药 350 公斤，共灭鼠 376 只。
>
> 灭鼠活动遵照上级的指示进行，并且认真做好投放鼠药的业务技术指导工作，使投放毒鼠药技术规范化、严格化操作，做到时间、空间和数量统一，确保了灭鼠工作质量，不仅改善了社区居民生活环境，也增强了人们的卫生意识。

> 2006 年 5 月 12 日，社区接到镇人民政府通知，在安邦村白阿培家牛群里发现五号病疑情。第二天星期六，社区全体班子成员和镇工作组人员集中开会。分组登记跑马路社区内养牛、养猪、养羊户数，并排查每户对牲畜是否注射过预防针，是否发现牲畜有异常情况。结果共登记排查出养牛户 12 户、养猪户 38 户、养羊户 3 户，除发现的白阿培户有疑似病之外，并没有

发现其他情况。

5月17日，安邦村八个村民小组派出24个人进行大规模农药喷洒，并喷到每家每户，每处死角。

5月19日，社区班子人员配合镇兽医站工作人员，到每户养牛户家中打预防针。5月18日至23日，社区班子人员轮流带领兽医站工作人员到各条街、村打猪、牛、羊等牲畜预防针。基于村民白天出去干活，早晚才会有人在家的原因，打预防针工作都放在早晚进行。社区人员中午正常上班，早晚轮流带队进村。

第七章　社会生活

第一节　饮食

安邦村的主食以大米和糯米为主。大米和糯米在过去都是用甑子蒸熟后，用碗盛出来用筷子夹着吃。但如今，很多安邦村家庭开始使用电饭煲等家用电器来做饭，只有很少的家庭仍在使用甑子蒸饭。加工大米和糯米的工具在过去都是用木碓，而现在主要用碾米机加工。安邦村从古至今有许多自制的糕点及风味食品，全是米制品。

一　特色米制品

1. 米花

每到腊月间，安邦村家家户户便忙着扒米花，准备春节食用。当客人到来时，安邦人会先端上香甜泡脆的米花让客人品尝。它的做法很简单：先把糯米装入盆内，用水浸泡两小时左右，然后洗干净装甑子内蒸熟，再倒入盆中与红糖拌匀（10 斤糯米拌 1 斤红糖），然后再次装入木甑子内，边蒸边用筷子挑在簸箕里，趁热把糯米扒成圆形，每个米花一般厚 1 厘米，直径 10 厘米，扒好后在面上撒上芝麻仁晒干即可。食用时，锅内放入适量油，慢火烧到油七八成热时，把扒好的米花逐块放入油锅里用汤勺舀热油淋炸，待米花全部膨胀成金黄色时即可食用。

2. 麻脆

麻脆也叫麻脆粑粑，制作方法是：先把糯米蒸熟，按10斤糯米、2斤红糖、1斤大芋头的比例混舂，然后用手搓揉成薄如铜钱的粑粑大饼，撒上米粉到不黏手为宜，趁柔软时用剪刀剪成鸡、鸭、鱼、鸟、牛、马、羊等各种动物图形或菱形等，晒干装藏。食用前，让阳光照晒两个小时左右，然后放入七八成热的油里炸，它会立即膨胀起来，栩栩如生，使人看后有各种“飞禽走兽”在油锅里欲飞欲走的感觉，非常好看，可谓形、色、香、味俱全，这使你既观赏了民间精湛的食品剪型艺术，又能一饱口福。

3. 卷粉

安邦村的卷粉软而光滑，嫩而有韧性，切细放入锅里煮不碎，捞起加入骨头汤，配上韭菜、辣子、胡椒、味精、酱油、芝麻等作料，吃着软和可口。也可凉拌吃，再加上烧豆腐同吃，味道最佳，誉满江外。安邦卷粉用天然水库水蒸制，用料讲究，一般选用40%的红米、60%的白米混合浸泡，用石磨磨成米浆后舀入大盘内蒸熟即可。

除了上述米制品外，糯米粑粑也是安邦村各个民族在春节等节日中常吃的特色食品。特别是哈尼族和彝族，糯米粑粑对于他们而言也是祭祀和部分礼仪中常用到的食品。

二　地方特色饮食

安邦村的菜谱丰富多彩，风味独特，具有臭、酸、辣、香、鲜等特点。主要烹调配料为：番茄、韭菜、豆豉、姜、蒜、醋、酱、花椒、辣子等。制作方法主要有烤、炸、腌、舂、煮、剁、凉拌等。像哈尼族的哈尼蘸水、哈尼豆豉、焖锅酒，以及哈尼族、彝族人常吃的用动物血制作而成的“白旺”都是当地颇具民族特色的饮食。除此之外，安邦村无论是彝族、哈尼族还是汉族家庭的餐桌上，有四道菜是过年过节和招待客人时必不可少的美食，它们是豆腐圆子（见图7－1）、酥肉（见图7－2）、煮青菜和鱼，分别寓意着团团圆圆、舒舒服服、常吃常青和年年有余。这种蕴涵在饮食中的意义表达了安邦人对家人和客人的美好祝福。特别是寓意团团圆圆的豆腐圆子对于安邦人来说还具有特殊的含义：安邦村是一个典型的侨村，很多家庭的祖先在过去赶马出去做生意，其中的很多人由于历史和现实的原因留在了国外，只剩下家中的妻儿留守，于是这道寓意团圆的豆腐圆子美食更深切地表达了安邦人对亲人团聚的渴望。除了这四道美食之外，安邦人的日常餐桌上还有一些以当地野生动植物为原料加工而成的菜肴。

图7－1　侨村安邦特色饮食豆腐圆子

1. 豆腐圆子

取豆腐压干水分充分搅碎，其间加入适量盐、胡椒粉、麻油、蛋清、小粉，有的人家也喜欢往豆腐里加入搅碎的肉末一起拌匀待用。锅内加水，以中火加温至锅底冒小气泡时，将拌匀的豆腐捏成团子放入水中煮熟，待豆腐圆子浮起来后即可盛出，撒上适量的葱花味道更佳。豆腐圆子不散的诀窍有二：一是豆腐搅碎前，要撕去外皮，现出白质；二是豆腐调制成糊状时要加入一定量的小粉，至豆腐糊能上手止。

图 7－2　侨村安邦特色饮食酥肉

2. 酥肉

将猪肉切成小块，用盐、味精、辣椒面、花椒等调味料再加适量的小粉将切好的肉腌制一段时间，然后将腌制好的猪肉块和面粉加水一起搅拌，做成大小相同的形状放入油锅中炸至金黄色即可。

3. 煮青菜

做法很简单，就是将青菜洗净用清水煮熟即可，只不过有的家庭煮的时候放入适量的油和盐等调料，而有的家庭是什么调料都不放，用清水将青菜煮熟盛出后再另外配上一碗当地特色的哈尼蘸水蘸食。

4. 油炸昆虫

油炸昆虫主要有油炸蜂蛹，蚕蛹（有土蛹和养蚕蛹），竹蛹（生长在嫩竹里面的一种），蝉（知了），荔枝虫（当地人也叫它臭屁虫，生长在荔枝树上），蚂蚱（蝗虫）等等。其制作方法最简便，将其倒入油锅内炸到金黄香脆即可，装碗或盘时撒上适量椒盐即可食用。油炸昆虫喷香脆黄，是席上下酒的一道好菜。

5. 凉拌白旺（生血）

原料：除狗血以外，牛血、猪血、鸡血、羊血等什么动物的鲜血都可以。作料：食盐、味精、辣子、皮菜、花生、芝麻、肚内（其动物本身的内脏，如肠子、肝）等。制作方法：把鲜血（宰杀什么动物就凉拌什么动物的鲜生血）接入盆内，然后兑适量凉开水搅匀，待鲜血板了过后，放入作料就可食用。其特点是：鲜、嫩、甜。

6. 炒攀枝花

将鲜攀枝花从山上拿回来后，除去花芯和花瓣，将花蕊煮熟后用凉水接在盆中，然后再把花蕊上的水捏干，放进油锅里与豆豉、番茄或酸菜、蒜等作料炒熟即可上桌食用；也可打蘸水吃凉的。这是一道新鲜可口的野味。

7. 炒苦刺花

鲜苦刺花从山上拿回来洗净后直接生炒食用，但苦刺花不论哪一种吃法都少不了番茄、豆豉、蒜等作料，也可煮熟后泡水捏干炒吃，还可以晒干后备用而不改其味。不论哪种食法，都别具一番风味，尤其用它来下酒，苦香回甘，能把人喝醉。其他像石榴花、玉荷花、栖花、芭蕉花等均可食用。①

第二节　服饰

安邦村主要由彝族、汉族、哈尼族三个民族构成。三个民族长时间杂居并相互影响，再加之村子就位于县城边上，如今安邦村的彝族和哈尼族大多数人在日常着装上已经和汉族人没什么区别了。只有一些上了年纪的彝族或者哈尼族妇女还在穿着本民族服饰。

一　彝族服饰

居住在安邦村的彝族人，属彝族中的濮拉支系。濮拉支系服饰是彝族传统文化和审美意识的具体体现。其中，男装大多为立领对襟衣、宽腿裤，颜色较深，衣服的前襟由绣有图案的宽边组成。不过安邦村的彝族男性穿民族服装的已经非常少见，都是和当地汉族一样着装。彝族女性中，很多上了年纪的妇女仍然在穿着本民族的服饰，但年轻一辈的女性的穿着也开始和汉族穿着无异。说到当地彝族濮拉支系女子的传统着装，一般是结发于头顶，头罩青色、蓝色、黑色的布圆顶型包帽，有点类似于铝锅，高5~7厘米，直径视头的大小而定；上身多穿着青蓝色小领紧袖中短衣，开右衽斜襟，用布制的盘扣做纽扣；外面套紧身绣花无袖无领小褂，外衣袖长而紧直到手腕；下装着

① 红河县人民政府侨务办公室、红河县归国华侨联合会编《侨乡迤萨》，云南民族出版社，1995，第185~197页。

直裆紧筒长裤直到脚踝。过去多穿草鞋，或打赤脚。[①]

调研人员在访问彝族老人时，了解到一些上了年纪的彝族妇女还在穿着本民族服饰（见图7－3）。

图7－3 调研人员与安邦村彝族老人的合影

二 哈尼族服饰

红河县安邦村哈尼族人和其他地方的哈尼族人一样崇尚黑色，无论男女老少衣服都以黑色和青蓝色为主。色调不仅单一，款式也单一，仅有男女老幼之别而无款式的多样化，全体男子一种款式，全体女子另一种款式，儿童服装仅是大人服装的缩小，服装装饰物也大体相当。当地哈尼族的衣服布料是用板蓝根植物的茎叶做染料浸染而成的。哈尼族崇尚黑色的传说有很多，但红河县流传的哈尼族崇

① 中共红河州委宣传部编《红河彝族文化调查》（内部资料），红新出（2006）准印字第244号，2006，第96～98页。

尚黑色的传说主要和祖先逃难有关。传说哈尼族祖先南迁到“色偶”（地名，据传为今天大理的洱海边）时，看到白鹇鸟白色的羽毛及其无忧无虑的生活非常羡慕，于是就模仿白鹇鸟，无论男女都开始穿一身洁白的服装，而且男人用白色的布包头，女人戴白色的头巾。后来在因为战争继续南逃的路上，这身白色的装扮太过显眼，不利于躲避敌人的追击。在他们逃入深山老林中时，又发现林中黑白相间羽毛的喜鹊，于是又开始模仿喜鹊的羽毛，制作和穿着黑白相间的服装：里面穿白色衬衣，外面着黑色领褂，下半身则穿黑色的裤子，头缠黑布。这身黑白相间的装扮仍然容易引人注目，当敌人再度追来时，不得不再度南迁的哈尼族祖先逃进了林木茂密的哀牢山中。经过血腥的磨难，哈尼族祖先最终发现不起眼的黑色可以和深山密林融合在一起，于是男男女女开始将衣裤全部染成黑色。哈尼族人这种崇尚黑色的传统一直保留至今。

哈尼族男子的服饰比较单纯、朴素、大方，款式也大体一致。大多数为紧身短衣、大裤裆长裤和黑色包头。包头有长有短，用自己染制的土布做成。当地哈尼族男子的上衣主要是短领对襟的款式。左右对称的上衣两边，均钉上了布纽扣。下身裤装则以大裆裤、大长裤为主，不分正反面。哈尼族男子的服饰呈现上紧下宽的特点，主要是为了方便在田间劳作。今天安邦村的哈尼族男子，无论老人还是青壮年人已经很少穿着本民族的传统服饰，在日常着装上他们已经与当地的汉族人没什么区别了，单从衣服上，已经很难判断出他们属于哪个民族。但是安邦村哈尼族女性相对于男子来说，还是有少部分继续穿着本民族的服饰，特别是老人和部分中年妇女。安邦村哈尼族女性的传统服饰以长衣长裤为主，它的特点是上衣无领，斜襟右衽长及大腿中部，有的长及小腿位置，领口和袖口以及后摆边沿都有特别的花纹装饰。裤子则多为大裤裆大裤脚，长及小腿下方，不分前后。有的还在裤脚边沿贴布、绣花加以装饰和加固。①

第三节　建筑

安邦村距离迤萨西郊 0.5 公里（现与迤萨相连）。它的房屋建筑，自清代、民国以来，不论中式的传统民宅四合院，还是庙宇楼阁的古代建筑，或是中西合璧的古堡楼房建筑，在马帮商贸的影响下，在江外颇有名气。

建筑是地方文化、经济的象征，反映出地域、民族的特色，记录着历史的轨迹。安邦村的建筑已有 300 多年的历史，如建于康熙年间的安邦村第一间民居马氏祖屋（现为王应祥家），土木结构瓦顶二层四合院，坐西朝东，占地 400 多平方米，没正堂屋，正中有似小戏台 1 块，两边分别立有小圆柱 1 根，据说是安邦村的第一审案堂。它们经历了无数次变革及漫长岁月的磨难，特别是近代遭受土匪焚烧、掳掠，自然灾害的破坏。尽管涛声隆隆，但仍淹没不了安邦村历代建筑文化的段段乐章。安邦村建筑文化的发展，大体可分为以下四个历史时期。

一　明末茅屋和土房时期

据史料记载，明末清初在安邦村居住的土著民族——

① 中共红河州委宣传部编《红河哈尼族文化调查》（内部资料），红新出（2006）准印字第 244 号，2006，第 188 ~ 190 页。

濮拉人过着一种较为落后的畜牧与农耕生活。他们栖息的住所多为自建的茅屋和土房，就地取材，结构简单，建造容易，四壁以毛石为基，泥土筑墙，适当位置留孔为窗。屋顶以山茅草为材料的即为草屋。两边山墙呈三角形高出前后墙，其屋顶以圆木或竹为梁，前后呈人字形斜面，再纵横交叉绑架较小的竹、木椽子，然后均匀铺上茅草，上面再用较细的竹、木条子压草绑扎固定，以防茅草下滑或被风吹跑。屋顶以土为材料的即为土房，当地人称“土坪房”或“土掌房”。土房四壁墙体则一样高，仍选用圆木或水泡竹按15厘米左右距离整齐排列在墙体上，再以细竹、木条子（多为黑条棍）或竹篾板、茅草铺垫，上面用一层稀泥压草固定，然后再用一种黏性较好的胶泥土（当地人叫秉土）盖顶，夯实，再装上竹木篱笆门或木板门即可算完工。屋虽矮小，但冬暖夏凉，很适宜人们居住。当地濮拉人往往以牛粪为生活燃料，故将牛粪集中起来，用水拌和如泥，做成圆团掼贴于土房四周各墙壁之上，用手一按则成扁圆形“牛屎巴巴”，手指印鲜明可见，密密实实整齐布满墙面，使之风干做柴火用，同时也构成了世界上少有的土房装饰物，独具特色，沿袭至今。

再往后一段时间发展为庭院式的土平房和土楼房，即在正房两侧出现了耳房和大门楼、围墙等。较富裕的人家使用石灰抹顶，平顶四周用筒瓦镶边，如安邦村64号白定华民居等建筑。

二　清代的瓦房与四合院

清康熙年间，由于汉族文化的影响，开始出现土木结构的瓦顶平房、四合院楼房以及有较高工艺的庙宇楼阁。

从此，安邦村建筑发生了历史性的变化。公房建筑始于康熙年间，民众集资（当地人叫做出公德）建造安乐庙。进入正殿的汉白玉石栏、台阶以及台阶正中精雕细琢，龙舞腾云的丹陛做工精细，技艺复杂，结构难度较大；还有泥塑像，活灵活现，栩栩如生，呼之欲出。（现在拆除建成了安邦小学。）安邦村建设进入了较为繁荣、兴旺的时期，结构式样、选材造型、布局、空间利用、工艺都比较讲究，整体布局又分正堂、耳房、厢房、过道房、大门房等建筑形式。这些四合院楼房与寺庙的建筑，较明末前的茅屋和土房有着天壤之别，是安邦村建筑史上的第一次飞跃。[①]

三　民国花楼大院与中西合璧楼房时期

清末时期，安邦人与迤萨人一道走通了到老挝、越南的商路，开始“走烟帮”、“下坝子”的经商活动，后又开通了滇缅边境的马帮之路。随着生意的兴隆，出现了不少雕梁画栋的花楼大院，有的人家大门头的几块屋檐横枋上层层叠叠雕满花鸟禽兽，栩栩如生，玲珑剔透，书法流畅，涂金抹银，显得富丽堂皇。安邦人称之为“花大门”，如安邦村35号李万祥民居，安邦村136号杨良成民居等。据说，这些做工精细的建筑，师傅工匠大多数来自通海等地，报酬以雕渣论价，即以雕刻下来的木渣重量与银等量兑换，一斤雕渣一斤银。这种宽宅大院多由土木结构瓦顶四合院、上五间（正三间加两夹耳）、两耳、厢房、倒座、大门楼等组成，轮檐走角，当地人称“五间六耳五间天”，即上五

---

① 《侨乡迤萨》，第163～164页。

间、下四间（除去走道）正间六间耳房、五个天井，加上四个天井的厨房，第一层就有 15 间房。这类楼房已有上百年之久，安邦村 100 年以上的房屋有 5 座，如李家顺民居、王应祥民居、郭显祖民居、郭栋梁民居、安乐寺（郭家宗祠）。

安邦村人精明能干，能吃苦耐劳，也敢闯荡，善经营发家致富。与迤萨人合伙入股，“下坝子”、“走烟帮”，打通了“马帮之路”，赚了外国人的钱，还驮回了西方建筑文化、艺术，兴桑梓，繁荣我中华，创下了历史性的辉煌，这就是所谓的“马帮精神”。安邦人会赚钱也会花钱，尤其是在建房上舍得下本钱，往往出高薪招募能工巧匠，汇集大理、通海、建水、石屏等地的泥、木、石等工匠到安邦建盖花楼大院，精心琢磨使用砖瓦土木建造中西合璧的楼房。如安邦村 40 号郭报祖民居，属中法式建筑，当地人称“三台楼”。大门卷拱，顶“山”型，“金包银”墙体，二进门四合院，正堂走道双层双拱，似迤萨姚初民居建筑风格。中西结合法式建筑的出现，使安邦村房屋建筑向前迈出了一大步，是安邦村建筑史上的第二次飞跃。

四 现代高楼时期

1951 年红河建县以后，特别是改革开放以来，生产发展、经济繁荣，人民生活水平得到空前提高，安邦村建房进入了有史以来从未有过的鼎盛时期，也就是第三次飞跃。民用混凝土住宅楼似春苗破土不断涌现，傍山而建，顺山梁延伸。现在的安邦村以安邦路和迤萨相连，街道、庭院绿树鲜花争奇斗艳，特别是在大庙塘、马家塘、大凹塘等几个大塘子的衬托下显现了今朝安邦村的活力。①

第四节　信息传播

一　概况

截至2008年底，安邦村已实现通电、通路、通电视、通电话。全村有194户通电，有172户通有线电视，172户拥有电视机，分别占农户总数的89％和89%；安装固定电话或拥有移动电话的农户数108户，其中拥有移动电话的农户有73户，分别占农户总数的约56%和38%。他们离镇上新建的邮政大楼不到1公里。② 侨乡人民正以前所未有的速度感受着通信事业高速发展给他们带来的便捷。然而在几十年前，侨乡人民的信息沟通并不那么简单，和赶马出去很久不返的亲人的联系万般艰难，他们用马驮着一沓沓的信件包裹在一座座大山里来回穿梭，用一种特殊的方式踏出了一条条马帮邮路，用他们的方式传递着一个个信息。

二　传统信息传播

以前，马帮之间、马帮家属与海外侨胞的信息往来主要靠人工口信与家书。20世纪中期正是迤萨的安邦人赶马帮“下坝子”、“走烟帮”最活跃的时期，“走烟帮”是到思茅、临沧一带，“下坝子”则是到老挝、泰国等地，有很

① 摘自《红河县迤萨镇安邦村古民居建筑调查报告》（2008年）。

② 数据来源于云南数字乡村网，安邦村村级网站，http://www.ynszxc.gov.cn/szxc/villagePage/vIndex.aspx? departmentid = 195086,2009 - 5 - 21。

大一部分赶马人到了这些地方后便再没回来，有的会给回来的捎个信，告诉家人他们的情况，有的则自从赶马出去后就杳无音信。那个时候，只要有赶马人“下坝子”回来，马帮家属们便纷纷去询问自己家属的情况，或让他们捎口信，或给他们带信件。一大部分赶马人到了国外，虽然家里有妻儿，仍然又在那边重新组建家庭，他们和国内则常常是用信件联系。但在很长一段时间内，信件往来极不方便，一封信寄出去了，短点的几个月后能收到回信，大多数情况则是要一年甚至几年才能收到回信，而有的马帮亲属连续寄出十多封信仍然如石沉大海，得不到对方任何的回应。

马帮之间，或马帮与村民之间也用一种特有的方式传递信息，“下坝子”的马帮往往由上百匹马组成，有时在路上遇到什么情况，他们就会用鸣枪或吹口哨等方式让后面的赶马人知道。每次“下坝子”回来，他们在离村口几公里处就开始鸣枪，村里人听到了就赶快跑去询问自己亲属的情况，有些人看到了自己的亲属，而有些人则可能听到自己亲属的死讯或其他不好的消息。

以口传为主的传播方式直到民国20年（1931年）才有所变化，当时来往信件是由私人商号建水泰昌号捎进红河后由它的分号办理的，没有投递员，信在信袋里自己去取。民国36年（1947年）信件陆续增多，邮递业务就由原先的私人商号移交当地理财局教育经费管理处办理。1951年成立红河邮电局，办理邮电业务。红河县自1951年自办邮路以来，主干邮路红河至建水，最初是人力背挑，路经杨泗庙渡口往官厅住宿，第二天到达建水，邮路较长而且土匪猖獗，邮递员又往往是一个人行走，很不安全，故1952年后又改为红河斐脚渡口往石屏牛街步班邮路，每人规定负重30公斤。到1966年6月，红建公路通车，省局配两辆罗马吉普跑红河，从此结束了人背马驮的邮运历史，实现了机械化运送。到1970年，改为委办客车运送邮件。到1990年，最初是建水局派押邮件到红河，1994年以后由红河局自己派员押送邮件至今。①

附：传统家书联系案例

案例7-1　马帮家属王祖厚给二叔王授庸的一封封慰问信去如石沉大海

王祖厚，1956年出生，是红河县迤萨安邦小学校长。他的二叔叫王授庸，就是当年走马帮的。1949年时王授庸跟着老板出去，直接到了老挝。到了那边住定后，就给王祖厚家来信，告诉其详细地址。后来王祖厚家也不间断地给他写信，总共写了10多封，还寄了些不同时期的照片给他，但是寄出去后，却杳无音信，也收不到一封回信。好多年了，他们以为二叔已经不在人世了，前几年，又突然从回乡探亲的有些马帮人口中了解到二叔还健在的消息。2002年，二叔亲自回了趟家。

回家探亲的二叔已是70多岁的白发老人，王祖厚一家原以为他们二叔若是在人世的话，那应该生活得很好，而这次回来，他们才知道，二叔在老挝日子过得很落魄，探亲结束了都没有了回老挝的路费，且他所在的地方通信也不方便，这才导致了家里人写了这么多信一封也没得到回

① 根据1994年《红河县邮电志》（内部资料）整理。

应的情况。

王祖厚说："像我们这种马帮人的亲属和走出去的马帮人联系是很不方便的，主要就是通过地方侨联和回乡探亲的人，侨联每年都要组织回乡探亲的马帮人搞交流会，回乡探亲的回来一般都待 15 天左右，又要每家每户地走，也就相互交流下情况，帮忙送信和带些礼物。"

案例 7－2　侨民杨粉金家与国外亲戚的书信

粉金女儿：

你们好，你的来信我已收到了，看后得知你们个个都有工作做，一切都很好，我们很高兴，在你信上说前信是否收到？我们是第一次收到你的信的，前信没有收到大约寄错地址吧！不然怎会收不到呢？你的弟妹在国外共有 12 个，在法国 9 个，在美国 1 个，还有两个在泰国，全都是读外文，中文很差，所以要写信给你，也不会写。前次寄给你母亲的钱是在国外最大的女儿金梅寄的，我们现在已老了，身体很差，眼也花了，什么也不能做，字也不能寄（写）了，只是在家里看家，你的弟有两个工作来养家，其他的都还在读书和学手艺。粉金女儿如果你能来，你就来看我们一下吧，你的弟妹们也很希望能见到你的。好了，余言后谈，再者，你们有相片寄一张来给我们看看。

祝你们大家

安康

父杨序初

1982 年 4 月 6 号

三　现代信息传播方式的变迁

红河县电信业务开始于1952年，组建时使用手摇电话。1953年5月7日与县邮政局合并成立红河邮电局，设30门桌式磁石交换机1部。1956年配合边疆土地和平协商改革，省邮电局派工程队架通了乡镇的电话。1978年开通了市内自动电话。1990年末凭借电报、长途电话、市内电话、农村电话，红河县基本建成了初具规模、四通八达的现代化电信通信网。长途电话业务处理历来是挂号制，实行多讲多付费的原则。

红河县电报业务始于1954年。1957年以后州邮电局配人工机一台，使用混线电路经建水直达个旧，一直使用了23年之久。1979年省邮电局电信处首次配发BDO—55型机械电传打字机，开通混线电传电路，经建水转个旧。同年10月2日配发单双路插报机，编入载波电路后比混线电报电路性能更为稳定。1986年10月省局首次配发光电快速发报机，发报前先凿孔，再由自动发报机拍发进一步减少繁琐操作，提高电报质量。1989年10月四路载报机安装使用。1990年2月9日进入全国自动转报网，省去省州转接手续，加快电报传递速度。无线电报在邮电部门是一种备用设备，只有在有线电中断时才使用，由于不保密的缺点，在使用上也明确规定，哪些内容准予使用，哪些内容不准使用。

连接国际邮电通信。红河县迤萨镇是云南省南部重要侨乡之一，为此国际之间的来往较多，书信、汇款、包裹几乎不间断。党的十一届三中全会后，在对内搞活、对外开放政策的指引下，广大华侨、侨眷内外联系，华侨回国观光探亲的也多了。为了适应新形势的需要，邮电局派人到省州局学习国际邮电业务，从 1983 年开始全面开放国际邮电业务，为华侨、侨眷使用邮电业务提供方便，很多华侨将美元、法郎等邮寄给家乡的亲人。家乡侨属、侨眷向亲人寄递土特产的也很多，如那达辣子、花椒、干笋、柴花、土蜂、苦刺花、布鞋、水烟筒等。千里送鹅毛，礼轻情义重，有些包裹价值才是寄费的 1/10，如有一户侨属寄一支家乡普通粉竹水烟筒到美国科罗拉多州，邮寄费就合人民币 54.4 元。红河县邮电局开放国际电报电话（除少数国家外）是在 1983 年，近年来又开通了长途半自动直拨电话，话务员可以直拨全国各地乃至全世界。只要电话号码准确，就可以接通，通信联络没有国界和区界之分。由于国际报话资费较高，一般很少用，每年整个红河县也才受理 10 多个来去国际电报、电话。[①]

今天，安邦村老百姓正以前所未有的速度感受着通信事业高速发展给他们带来的便捷。虽然马帮的历史已过去几十年，但现在很多居民仍然和美国等其他国家中自己的亲人保持着联系，邮局也经常还能收到从美国、泰国、老挝等国家寄来的包裹及一些信件。

---

① 根据 1994 年《红河县邮电志》（内部资料）整理。

第八章　水文化

侨村安邦坐落在红河南岸的哀牢山区——侨乡迤萨西边的要道上，北面有波涛滚滚的红河鸣唱，南面有蜿蜒曲折的勐甸河低吟，可谓山高水长，水资源丰富。历史上森林茂密，水源丰沛，但是，经过清朝乾隆至道光年间迤萨地区铜矿的开采冶炼，以及新中国成立后1958年和1990年两度复采冶炼，加之“大跃进”运动和砖厂窑房大量使用木柴烧砖瓦等的破坏，安邦村附近地区生态破坏非常严重，逐步变成了“荒山野岭”，尤以干热、缺水、风大著称。

据当地的气象资料，安邦分为旱季和雨季，旱季为11月至翌年的5月，一年足有半年天旱，降雨量仅为180毫米左右，仅占全年降雨量的24%，这种降雨的季节性不平衡更加剧了缺水对人民日常生活的影响。由于缺水，安邦村民终日为水操劳奔波，自然就形成了侨乡典型的水文化现象。在如何利用自然的降雨，地表水的生态保护、取用及打井，日常生活中怎样根据用途不同循环节约用水，雨季雨水如何常年利用、储备，不同房屋雨季的清水（瓦房）、浑水（土房）如何搭配调节使用，浑水如何澄清，井水如何汲用等方面都积累了不少丰富的经验。在安邦村，水成了人们生活的第一需要。历史上，不论地方政府、侨领乡绅富户，还是平民百姓，都为利用从天而降的雨水，保护地表水，兴办地方公益水利事业，遵循长期以来形成的独特的侨乡安邦用水制度及习俗作过努力和贡献。兴办地方公益水利事业如安邦坡大石缸等以及该村村头塘子、村脚塘、大凹塘子、蚂蟥塘、里角塘等塘坝均由历代地方乡绅富户牵头集资、捐资，群策群力兴建而完成。除这些公共的大型池塘外，还有私家的菜地也有自己开辟的小型的塘子，如老安邦村原郭家寨门附近的菜地有七八个私家的小塘子等。安邦村石缸贮水习俗沿袭至21世纪的今天。

第一节　水的分类

长期以来，安邦村形成了独特的用水制度及习俗。

一　来源

侨村安邦用水来源：天空的自然的降雨（含冰雹、雪等）；地表自然水源，又分为地下水（泉、龙潭、井等），如“阿巴”井等，和地表水（江河、沟渠、池塘等），如红河、勐甸河等江河水，松花沟等沟渠水，池塘水如安邦村头塘子、村脚塘、大凹塘子、蚂蟥塘、里角塘等塘坝的水；安邦村周边驿道的人工水源，如安邦坡大石缸等。

二　水质

从口感和视觉来区分，侨村安邦的人们把周边的水源分为淡水、清（浑）水、甜水、碱水、臭水、涩水等。这是寨子四周冲沟的井水、泉水、塘水以及雨水又因水源、地质、土层及环境的污染，房屋结构的不同，其性质、性味又都千差万别之故。

（1）淡水。淡水为一般的井水、雨水，是生活生产的主要用水来源，来之不易，人们自然十分珍惜，常常循环使用。

（2）清（浑）水。雨季从瓦房上流下的雨水一般为清水，从土房上流下的雨水浑浊不堪为浑水，但只要加进适量的石灰或明矾搅拌，经过沉淀后，即可清澄使用了，但是味道难喝，用它来煮饭呈红色，人们不喜欢。人们便把桃仁捣碎放入浑水缸中搅拌，不但澄清快，也没有什么怪味了。这种水喝后清凉解暑，有一定的药用价值。

（3）甜水。甜水极少，只有“阿巴”井等处较好，其水质清凉、纯净、甘美，盛夏作为凉水饮用，味甘解渴。

（4）碱水。碱水指因多方面原因形成的塘子水，如安邦村头塘子、村脚塘、大凹塘子、蚂蟥塘、里角塘等塘子。此类塘子水很不卫生，只用来洗脸洗脚、洗衣物或喂牲口、养鱼等。其水里含有碱，用于洗衣服容易洗干净。

（5）臭水。一般为人工开挖的生活污水塘、泡棕或者麻的塘子等，主要为菜地施肥浇水之用。①

三　开发方式

侨村安邦地表破碎严重，因而山势险峻，峰峦起伏，沟谷狭窄，高低悬殊，整个地势东部与迤萨相连较高，西端低，南部是高差逐级降低的丘陵，西南部相对海拔不高的坝区河谷形成了勐甸坝，北部临红河，地势陡峭，可谓“鸡叫狗咬听得见，走起路来要半天”，主要农耕区为南部

① 红河县人民政府侨务办公室、红河县归国华侨联合会：《侨乡迤萨》，云南民族出版社，1995，第161页。

山区坡地和河坝稻田。本章主要从建筑的角度来探讨地下水和地表水等的开发方式。

从对地下水（泉、龙潭、井等）的开发建筑形式来分，因水源、水量、地势各异，井体结构及式样大小也不尽相同，安邦村的井主要可分为人工过滤井、露天池塘井等。

（一）人工过滤井

这类水井一般建在可利用地表水的过滤功能而修建的池塘附近，如安邦村头塘子的水井和村脚塘子附近的文庙内的水井等。这类水井在安邦并不多，仅有两眼。这种水井里的水并非地下水，而是让污染严重、不堪食用的池塘水通过地下层渗入其中，以达到将水过滤、除臭、清纯的目的。因此，这种过滤水井都建在大池塘边上，井水一般都不用来直接饮用，只用来淘米、洗菜、洗脸脚、喂牲畜等，有时人们也可在池塘里游泳。如今，随着时光的推移和时代的进步，安邦的两眼水井已被填埋不用。

（二）露天池塘井

露天池塘井中安邦井（又名“阿巴井”）最大，水量最多。它坐落于迤萨城北山腰，距城大约有1.5公里。该井既不是“阿巴村人”专有，也不为“迤萨人”所独享，而是两村共有，按需取用，彼此互惠有利。它的式样别具一格，依山而建，是安邦地区居民用水的主要来源和依靠。井中架有一座翻拱石桥与山坡连接，桥下两边相通，将井一分为二，可排除雨季冲刷下来的污泥浊水，既卫生，又可方便担水人深入池中汲水，避免拥挤。自来水上山后，先是县科委在此井下面建起了苗圃地，将它重新修建，扩大了

容积；随后，县粮食局在此又建立基地。他们都利用井水，为绿化侨乡服务。

（三）池塘和沟渠

安邦村民对地表水的开发利用还有池塘型和沟渠型。池塘型主要是利用安邦中间高，周边低，高低悬殊的地势，在狭窄处修筑人工塘坝，如安邦村头塘子、村脚塘、大凹塘子、蚂蟥塘子、里角塘等，其水源主要靠该流域面积内雨季的积水和日常生产生活中生活污水补给。沟渠型主要是利用安邦村附近山势险峻、沟谷狭长、周边区域生态植被较好，常年有流水的地理特征，如大井沟、松花沟等。

（四）人工石窟石缸

安邦村西南方向修建的安邦坡人工石窟石缸（见图 8－1）最为著名。该石缸设于安邦村的西南坡上，为人工常年

图 8－1　安邦村西南坡人造石缸拆除材料一角

（2009 年 1 月 21 日　何作庆摄）

供水，主要供周边少数民族及其马帮到侨乡迤萨进行商贸活动，途经侨村安邦时饮用，尤以解路人口渴之苦为目的。石缸置于一古老方形的石窟之中，石窟外层均为毛石支砌，石窟的内室则由砖、石体支砌而成。石缸多为一整石打凿而成的方形缸体，缸盖半开半掩，水瓢竹筒等舀水用具放于其上。这种供水用水习俗，一直延续到20世纪末。

第二节　取水与存放

一　水的取用与存放

安邦村人从口感和视觉等方面把安邦村周边的水源分为淡水、甜水、涩水、碱水、清（浑）水、臭水等。人们从长期生活生产中不断总结经验，形成了安邦村特有的取水、贮水、用水制度及习俗。

（一）降雨（含冰雹、雪等）水的取用

安邦人将雨季（6～10月）的雨水分为清水与浑水。

（1）清水：雨季从瓦房或者“三合土”的屋顶或晒台上流下的雨水一般为清水。在6月雨季到来之前，主人或老人一般都会组织家庭成员或亲友上房顶拔除杂草，修缮瓦顶。随后，人们砍来一根根竹子，破成两半，挖去竹节，砍成与四合院向内的瓦面长短相等，高的一端顶头留有竹节，低的另一端全部挖去竹节，用棕索或麻绳拴住两端，然后再用棕索或麻绳的另一头拴住石块或者砖块于屋脊柱的另一方，以便使瓦沟水从屋檐流入竹槽，再由竹槽的一端流到地面上的大桶里。雨季头几批雨水一般不贮存，主

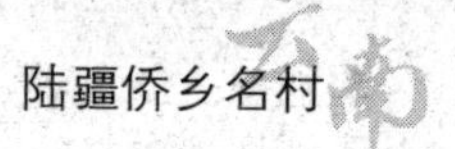

要用来冲洗天井、走廊等地面，或浇菜园子地，或经沉淀后洗衣服，这是因为雨季头几批雨水里沙子等杂质较多，不宜饮用。随后的雨水就可经过大桶接满之后，倒入短期用水的小缸之中，经过一两天的沉淀之后，再取出来倒入长期用水的大缸或石缸之中，以备长期使用或者在年节、婚丧等大量用水时取用。

（2）浑水：从土房上所接的雨水浑浊不堪，因此被称为浑水。这类土房一般是在土房顶的四周支砌相对高度为二三十厘米的瓦檐，在四合院向内的屋顶上适当留有出水口，以便使屋顶沟水从屋顶出水口流入院内。在6月雨季到来之前，主人或老人一般都会组织家庭成员或亲友上房顶拔除杂草，修缮土房顶。雨季头几批雨水之间，人们会背当地的观音土来加厚土房顶，并用自制的木棒槌不断来夯实观音土，以防漏雨。雨季头几批雨水一般不贮存，随后的雨水就可经过大桶接满之后，倒入短期用水的小缸之中，经过一两天的沉淀之后，再取出来使用。

（二）地表池塘水的取用

由于缺水，人们在干旱的年份或季节里，终日为水操劳奔波，井水不能满足人们生活所需，因此，就要注意有限地使用地表池塘水，清水、浑水搭配调节使用，平时注意节约用水。水的不平衡和使用多寡不均更增强了人们常年储备水的意识，以至于在安邦，水成了人们生活的第一需要。久而久之，侨乡的人们自然就形成了独特的水文化。

安邦人把地下水（泉、龙潭、井等）渗透到地面的井水，一般用为饮用水。较好的饮用水为安邦井（又名“阿巴井”）等水源。挑井水时需要带上一个葫芦瓢，挑水行路需将瓢漂在桶里，或摘一枝树叶盖于水面，以减轻晃动引起的抛洒。

在平时生活中，尤其在干旱的年份或季节里，人们对池塘水根据其水源、水量、水质的差异，采取不同的汲取的方法和担水附加工具有分别地使用。如对安邦村头塘子、村脚塘、大凹塘子、蚂蟥塘子、里角塘等塘子水的使用，因其水虫子多，需带一块纱布，盖于桶口，然后用瓢在塘内来回晃动，将水面杂质晃开，将水舀于纱布之上，过滤水锈（藻）等后进桶，待桶盛满，又将被杂质染绿的纱布漂洗干净后继续使用。挑安邦村头塘子、村脚塘附近的井水，需另加一只带长绳的小桶，用此小桶将井水汲吊上来盛于大桶之内。这类水一般用来浇菜园子地，或经沉淀后洗衣服；贫穷的人家也用它来洗菜，马帮用它来饮马。

（三）江河水的取用

旱季由 11 月至翌年的 5 月，一年足有半年天旱，年降雨量仅为 180 毫米左右。在干旱的年份或季节里，有劳力的人家就到距离村寨远一些的沟渠里挑水来用作饮用水，沟渠水如大井沟、松花沟等；在特别干旱的年份或季节里，富有的人家带上马帮及劳力，到距离村寨远的周边的江河里驮水使用，如红河水、勐甸河水等。

（四）水的买卖

安邦村中青年劳动力由于经商赶马，长期在外的人不少，家中的劳动力季节分布极不平衡；家中留守的老幼，无力承担挑水这样繁重的体力任务，所以家庭之间需要交换劳动力，因而产生了短期或者长期挑水卖的职业人员。

他们一般根据主人的要求，知道做什么用的水，需到什么地方去挑；挑什么地方的水，需要什么工具，其汲取的方法和担水附加工具也就有区别，由此产生了它完整的习俗和规矩。老一代安邦挑水卖的人对此是相当内行的，如挑水行路需将瓢漂在桶里，或摘一枝树叶盖于水面，以减轻晃动抛洒。水质好，路远，好卖，相对水价也较高。如安邦村有人家办红白大事时，也请人挑塘子水，主人家供挑水人吃饭，所给的工钱不多，价也不高。

有条件的人家，干旱季节经常用骡马到勐甸河将河水驮来饮用。安邦居民家住山头台地，不少人家耕耘在河谷，早出晚归，收工回家，就将一瓦罐盛满水后装于背篓之内，不辞辛劳背回家来饮用。这两类来源的水一般不进行买卖，只是亲朋好友之间临时借用。

二　水的存放

安邦人有特有的贮水及保存制度与习俗。

（一）贮水工具

安邦人贮水的工具主要有石缸、瓦缸（瓮、盆）、桶等。

（1）石缸一般由侨领绅商大户在自己的庭院内修建，它用人工打制的条石为主要支砌建筑材料。人们用磨细的糯米、三合土或者国外进口的水泥作为支砌黏合材料。人们聘请通海、建水等地技术高超的工匠来修建石缸。石缸的容积一般为6～10立方米，可贮存上百担水，可供家人使用数月以上，贮水期一般在一年以上，可供长期使用，边使用边添加新水。如安邦村郭家尚存有石缸，其贮水习俗沿袭至21世纪的今天。

（2）瓦缸（瓮、盆）一般由建水县的瓦窑房烧制。侨领绅商大户可以订制，然后雇人背回家乡来使用；也有部分小商小贩自己或背或挑，或者雇请附近的彝族妇女背来安邦村贩卖，当地人买价较高，因此这些商贩收入可观。瓦缸（瓮、盆）大小不一，瓦缸（瓮、盆）小者可装水数挑，大者可装水十数挑。可供家人使用数周以上，贮水期一般在一月以上，可供短期使用，边使用边添加新水。瓦缸（瓮、盆）贮水习俗沿袭至20世纪80年代后半期。今天随着自来水进入每家每户，瓦缸（瓮、盆）贮水的功能对人们日常生活的重要性已经大大减弱，它们中的大部分已改作盛装稻谷、大米等之用。

（3）桶一般用来从水源地担水，但是也可以用来作为短时间内的盛水工具。桶的制作材料主要为木头、金属、塑料等，新中国成立前以当地的攀枝花树为材料制作的木桶较多，20世纪六七十年代使用马口铁皮等合金材料制作的金属水桶较普遍，80年代以后，塑料制作的水桶得到推广，呈现木头、金属、塑料等材料并用的状况。水桶挑水及贮水期一般在一两天，供短时间使用。水桶搬运及临时贮水习俗沿袭至21世纪。今天随着自来水进入每家每户，水桶挑水及贮水的功能基本丧失，用水桶临时运水这一现象在人们日常生活中仍然存在。

（二）水的贮存

侨村安邦有“数十年贮水不变味，存贮越长越甘美”之说，可见侨乡人民贮水技术的高超。老安邦人几乎家家均有数年、10年陈水贮于缸瓮藏于厅堂、卧室之中。在过去，水缸种类和数量的多少为安邦人贫富的象征之一。大户人家四合院的天井里用砖石和水泥砌有可贮水上百挑的大石缸，还有不少缸瓮排列。缸瓮的放置也很讲究规律，大的放置于卧室、厅堂，排列墙根最深处的为长期存放的保险用水，绝不轻易动用。小的靠外，为近期备用水，在厨房的是当前用水。此外还有清水缸、浑水缸之分，泾渭分明。侨乡人民积累数百年经验，创造了一套长期贮水的方法。他们将夏秋之交的房顶雨水接于缸瓮之中，长期贮存起来使用。这些雨水由于经过气化，蒸腾升空，加之屋顶经几场雨水的冲洗比较干净，因此这些雨水基本无菌无杂质，比较清洁卫生，不易变质发臭。这种雨水贮存时间越长，越清凉爽口发甜，因此专做凉水饮用。有的人家还将缸盖用灶灰和泥密封，当地人称为窑水，可以长期贮存而成为家产。最好的长年贮存用水要数冰雹水和雪水，但这种机会很少，冰雹人们数年才会遇见一次，雪天则十多年才会碰到一次。

第三节　侨村安邦水文化的功能与特点

一　水文化的特点

（1）安邦区域内的汉族、哈尼族、彝族和傣族等各民族在取用水文化方面互相学习，取长补短，共同创造了侨乡水文化，以满足人们日常生活中生存与生理的需要。如汉族人吸收了彝族人在住房附近修建池塘的风格，安邦人在家乡修建了集体公益性的池塘——安邦村头塘子、村脚塘、大凹塘子、蚂蟥塘子、里角塘等，或者家族性的池塘——安邦村原郭家寨门附近的菜地有七八个私家的小塘子等；吸取傣族只饮用流动的水的习惯，安邦村的马帮在路途中也只饮用流动的水等。

（2）水是一个家族或者家庭财富的重要象征之一。安邦人使用的石缸、瓦缸（瓮、盆）、桶等取水、贮水设施和工具，反映了人们积极主动适应区域内的各种自然环境，增强和提高了人们对各种因水而起的自然困难的应对能力，满足了人们在日常饮用、煮饭洗菜、洗脸洗脚、洗涤衣服、畜禽饮水、菜园用水、庭院生态等生产生活方面的基本需要。

（3）该水文化体现了当地人们保护自然环境和生态平衡，主动适应区域自然环境，积极调节季节与地区区域水资源不平衡的方式。如雨季对雨水的取用和贮备，旱季人畜对池塘水、沟渠水、江河水的分别取用和循环节约用水的意识。

（4）安邦村的周边地区干旱缺水，民族关系复杂，匪患猖獗，历史上安邦村曾多次遭到土匪的围攻和抢劫。在抵御匪患期间，水也是一种战略物资，因而平时对水的贮备，也是一种历经磨难总结出的应对土匪的围攻和抢劫，防患于未然的重要举措。

（5）传统防火灭火方式的需要。历史上安邦村住房是茅草房、土房、瓦房等多种方式并存，19 世纪转变为以木结构的瓦房为主。这些住房极容易遭致火灾，因而，庭院内贮备一定量的水成为人们经历了多次灾难后积极应对火灾的一种积极的消防举措。

二　水文化的功能

(1) 积极适应在旱季、雨季不同季节降雨分布的不平衡。雨季人们充分利用天空的降雨，使用石缸、瓦缸（瓮、盆)、桶等接水、贮水设施和工具以满足家庭的生活需要，同时，把降雨流域形成的沟水引入住地周围的池塘中蓄积，以备将来（尤其旱季时）生产生活之用。这种分类使用，反映了人们能积极主动适应区域内的各种气候、降水环境，减少用水成本，缓解了不同季节降雨分布的不平衡，增强和提高了人们对各种因水而起的自然困难的应对能力。

(2) 实现人与自然和谐相处，使人们取用区域内水资源能满足人的基本生存的需要。

(3) 调节人与人之间的关系，调整人与社会的关系，协调汉族与周边彝族、傣族的民族关系，维护区域公共关系和社会秩序。在安邦村西南坡上修建的安邦坡等人工石窟石缸就是主要无偿供给周边来赶集的哈尼族、彝族、傣族人民使用的，安邦村头塘子、村脚塘、大凹塘子、蚂蟥塘子、里角塘等塘子水平时归村民自由取用，也允许来侨乡迤萨镇赶集，途经安邦村的哈尼族、彝族、傣族人的马匹自由饮用。

第四节　水文化的变迁

一　初级提水工程——利莫水电泵站

1964 年 10 月开始，政府投资 28 万元兴建了勐龙河水电一体工程——利莫电站，装机容量 320 千瓦，并建起了总扬程数百米的三级泵站，铺接了数千米的输水管，人们梦寐以求的勐龙河水终于被引上了迤萨梁子。人们在文庙街附近修建了蓄水池，除架通水管到迤萨等城区居民定居点中心外，作为距离迤萨最近的村寨，安邦村也很得地利之便，自来水管道接到了安邦村内，在供水点供人们挑水，从而大大缩短了人们取水的距离，有力地缓解了安邦村用水紧张的状况。

但是，勐龙河两岸为村庄农田，雨季泥沙多，河水不卫生，旱季枯水，河水水量较小，难以保证定时抽水供应，以满足安邦村的用水需要。特别是供电不正常，断电一两天或者一两周的事常常发生，从而导致因无电供抽水机而停止供水一两天或者一两周的事常常发生，因此，人们还是保留了传统的取水、贮水、用水的习俗。

二　专用提水工程——虾洞泵站

1974 年初到 1979 年 12 月 24 日，国家先后投资 683 万元，历时 6 年零 3 个月，装机容量为 3900 千瓦、年发电量为 1800 万千瓦时的小河底电站，完成了从破土动工到建成正式投产的过程，供给以侨乡迤萨为主的九个乡镇用电。

1980 年 6 月，使用小河底电站的电，政府开始兴建距离侨乡迤萨东北 5 公里（直线距离）的红河南岸边的虾洞饮水提水工程，建起了总扬程 700 多米的三级泵站，铺接了 7000 多米的输水管，1981 年 12 月 22 日完工。人们梦寐以求的虾洞清泉终于爬上了侨乡迤萨，从而结束了侨乡迤萨“水贵如油”的历史，距离迤萨仅仅一公里半的安邦村也分享了该工程带来的实惠。

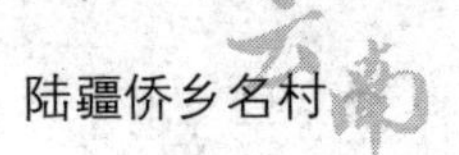

三　“俄垤”水库及“倒虹吸”输水工程

20世纪末开工21世纪初完工的“俄垤”水库，库容3000多立方米，利用甲寅镇“俄垤”水库海拔比侨乡迤萨镇高的高差，采用“倒虹吸”工程，铺设了几千米的输水管，满足了侨乡迤萨及其周边地区人们生活生产用水的需求，安邦村也相应得到了实惠。人们用水走向了较为宽松的时代，家家户户用上了自来水，自来水减少了侨乡人民身上担水的汗珠，大大缓解了人们生活中因用水而带来的劳累。

20世纪至21世纪初相继完工的利莫水电泵站、虾洞泵站、“俄垤”水库及“倒虹吸”输水工程，结束了安邦人“水贵如油”的局面，安邦人白天一路上头顶烈日、脚踩山路、汗流浃背、气喘吁吁的挑水现象，尤其在旱季人们挑一担水，要起五更，睡半夜，手举松明火把，沿着崎岖的山间小路排队守水的艰苦的现象一去不复返了。今天安邦的后生更不曾领略、感受、理解为一挑水，深夜出，午时归，顶日爬坡肩上担子沉的滋味，体会水贵如油的滋味和含义。

虽然老一代侨村安邦人为适应自然，达到天人和谐，而创造的特有的典型水文化现象，已在悠悠岁月中悄悄消逝，但时光磨灭不了这一历史传统的轨迹。水，曾对侨村安邦人如此金贵，人们在如何用水上通过实践探索总结了不少经验，形成了很多用水的规矩和方法：首先，老安邦人对井水、泉水、塘水以及雨水的性质、性味用途以及如何贮存、汲用了如指掌；其次，烧煮何物该用什么水，浑水该如何澄清，等等，全体成年男女无不通晓。

安邦人祖祖辈辈，世代相袭，为探索、开发、利用水资源，挖了一坑又一坑，凿了一井又一井，筑了一塘又一塘；为实现季节性和区域内用水的平衡，人们懂得了如何利用雨季降水，平时如何节约用水，人、畜、地如何循环用水……

岁月悠悠，已逝去的侨村安邦人因付出艰辛的劳动代价所形成的水文化现象，是侨乡人民集体勤劳智慧的结晶。

第九章　侨村民间文学

第一节　民间文学艺术的种类

一　概况

出自安邦村的民间文学作者不多，其作品多较有特色，只是新中国成立前发表的较少。新中国成立以后，记述和抒发安邦村外出经商者和华侨生活艰辛、思念家乡的信件、诗词、歌谣，如泣如诉，颇有特色。1960～1966 年间，侨乡文学创作有所发展，部分文学作品开始在报纸杂志上发表。十一届三中全会后，文学创作日趋活跃，各种体裁的文学作品在报纸杂志上发表了数十篇，但影响较大的作品和作者较少。时至今日，比较完整系统地整理出来的作品还没有，当地只是收集整理了流传较广或较为出名的几百余件作品。各种收集整理工作在当地有关部门和本地人士组织下一直在进行。①

① 因本章节内容调查采访时间为 2005 年 8 月，故本章节中涉及的数字截止时间为 2005 年 8 月，文中出现的“今天”、“目前”、“现在”等也是截至 2005 年 8 月。

二　侨乡民间小调

民间小调是人们在劳动生活中创造并在日常生活中不断完善的。侨乡的民间小调主要在迤萨城周边地区流传，晚上没事了，年轻人就会围在老人身边，听他们讲故事，这些故事代代相传，并在传的过程中不断地得到改进。一些好的受大家欢迎的民间小调很容易就流传了下来，有些群众自己听，也乐意改进，所以同一个故事在不同地区所流传的有可能不一样，版本也多种多样。

很多侨乡民间小调受到了建水、石屏等地花灯的影响，也有一部分受滇剧的影响，所以这里的歌谣很多是这些元素的融合，再通过变异得来的。滇南汉族的民间小调传说有 72 个调，据说全部传到了红河县，但有代表性的目前还能收集到的仅有十多个调。这些调子基本上是从石屏县传过来的，清朝乾隆年间开始传过来，民国时期传过来的最多，因为这个时期，红河的烟帮生意达到了鼎盛期。不过这里没有烧砖瓦的，也没有做木工的，有很多石屏人就跑到这里来做砖瓦、木工生意，东西运到迤萨后，找个小马店或在当地居民家好好地洗洗脸脚，晚上就拿上东西到街上摆起来，开始唱民间小调，跳建水的烟盒舞，招揽生意，推销自己的货物，围观的人越来越多，时间久了，很多人就开始学着唱。有时候，和着那个调子，根据当时的情景或某一事物，他们还出口成章，即兴发挥。有些人估计，民间小调就是云南花灯的雏形，因为有些民间小调还可以表演，如赞郎调。

安邦村民间十调

现在在迤萨收集到的有十个调子，这些调子也是安邦村民间小调。

（1）走厂调。这是反映个旧锡矿矿工生活的。

（2）挂妻调。它反映一个农民到个旧锡厂去当工人，从石屏步行到个旧，一个驿站一个驿站走的生活情况。

（3）采茶调。它又分为大采茶和小采茶，反映两姊妹上山采茶的情形。

（4）寡妇放羊。它体现的是少妇丧夫后的凄凉。小时候去山上放羊放牛时，年龄大一些的会教着唱。

（5）黄花女哭老公。讲述一个少女未婚夫生病，她从开始照顾到未婚夫病死送上山的情形。

（6）吹烟调。反映家里人如何讨厌吹烟人，吹烟人如何懒惰的情形。

（7）赶马调。这是土生土长的侨乡调子。清朝至民国赶马帮开始出现时伴随着出现的，反映赶马人的生活，以及赶马人家属如何怀念赶马人的情形。

（8）送小郎。它反映了怀孕的少妇送夫出门的情形。

（9）赌钱调。它和吹烟调差不多，反映家里人如何讨厌有赌博行为的人，有赌博行为的人如何懒惰和不务正业。

（10）货郎调。货郎，即挑东西走村串巷叫卖的人。货郎调是反映货郎生活的。

这些民间小调每个调都有 12 节，即从正月到腊月。现在在迤萨，会唱的人已是屈指可数，只有年纪较长的能唱出几个，而且基本唱不全。

三　诗歌

安邦村毕竟只是一个村落，文学艺术作品相对较少，最多的是一些家人思念赶马人而作的诗歌，以及赶马人出去后怀念家乡、亲人的诗歌作品。由于安邦的“侨乡”多得名于赶马出去的人，因此这些作品也多集中于互相的思念和赶马的过程中。其代表作摘录如下：

情真意切赶马调

正月赶马真月真　叫声帮手你听真
第一要学钉马掌　第二要学放水针
二月赶马去驮盐　又气雨水又气钱
架参鞍绳要扎紧　疮包盖丘要垫平
三月赶马去择答　双脚跪在神门前
出门要唸出门经　天地保佑才安身
四月赶马四月八　马封书信慰爹妈
堂上双亲多挂念　丢下小姐守空家
五月赶马是端阳　赶马哥儿充英雄
关骡钢铃咣隆响　二追超子响叮当
六月赶马信到家　儿在西头挂爹妈
问声妻子咯孝顺　冷暖服侍要靠她
七月赶马七月七　请个师夫做胯皮
一穿笼头二穿套　三穿攀胸要织密
八月赶马缝盖秘　头骡套上花料兜
笼头结得多好看　再配缨花和甩球
九月赶马配鞍架　叫声爹妈莫牵挂
叫声妻子好孝顺　找得银钱就归家
十月赶马下勐龙　棉花涨价三十三
加鞭催马赶得紧　早到茶山好价钱
冬月赶马冬月冬　做些汤圆献祖宗
家堂香人多兴旺　提起发财在那方
腊月赶马一年完　头口小猪来过年

一家老小团圆坐　祷告明年多赚钱

赶马歌

赶马哥哎赶马哥　道是辛苦也有乐
白天爬山唱山歌　晚上篝火火跳乐作
赶马哥哎赶马哥　赶马阿哥苦难多
白日吃尼锣锅饭　晚上睡尼草皮坡
赶马哥哎赶马哥　赶马哥哥爱唱歌
日出唱到日头落　一路马铃一路歌
赶马哥哎赶马哥　为儿为女受奔波
离乡背井下坝子　爬山涉水路坎坷
赶马哥哎赶马哥　可怜不过赶马哥
衣裳穿成莲花片　裤子穿成柳条线
赶马哥哎赶马哥　穿崖跨沟路难过
豺狼虎豹无所惧　染上瘴疾把命夺
赶马哥哎赶马哥　跟哥要跟赶马哥
嫁汉要嫁赶马人　不枉人间一世春[①]

四　侨信

侨信（见图9-1），顾名思义就是侨民、侨属、侨眷或其后代之间互相来往的信件，多是表达思念之情。这种信件在安邦村较为常见。虽然与国外通信不是太顺畅，但不少家庭都保留有数十封侨信，他们都把这些东西当做最珍贵的东西加以珍藏。侨信中不乏文采飞扬者，如早年从安邦村赶马出去到老挝的马国泰，据其现住在安邦村的族人

① 两首诗均为红河县民间文化名人钱存广收集整理。

图 9－1　侨信

马瑞峰讲，马国泰经常写信回来，这些信都饱含深情，文笔很好，让他们经常看着想哭。而且马国泰自己也写了很多思念家乡、亲人的诗歌、散文。

五　丧葬

祭文是安邦人用于怀念死去的人的一种文章，在出殡的那天祭师对着死者的子女们念。祭文一般要求写清楚死者的生平，为人，死者如何抚养教育子女，他（她）走了子女如何怀念他（她）等内容。每一句必须规定字数，每句字数一样，一般是四字，须押韵。和悼词不一样的地方是祭词必须要求一定的对仗，而悼词不需要。而且写祭文都必须是以女婿的名义，不能以子女的名义（子女是孝子女）。抬人（出殡）那天，“邀路祭”结束以后，须当场烧毁祭文。

在红河安邦村，有一个人是专门负责给人写祭文的，但讣告由家人书写。

安邦村目前爱好文学者和民间艺人相对较少，有的写了一些与侨乡有关的作品，做了很多对宣传侨乡有较大帮助的事情。

第二节　华侨及地方知名人士

一　侨乡安邦村清代知名人士

马占元，遮萨镇安邦村人。祖籍四川，先祖随沐英平云南入滇，祖父马怀珍在康熙年间由石屏移居安邦村。马占元自幼喜习武，勤学苦练，于清乾隆庚子年（1779 年）中武举。朝廷敕封其为云南广西营把总（正七品武官）。他严于治军，嘉庆初年升位于云南广西营千总（正六品武官），之后升位于云南抚标左守备（正五品武官）。嘉庆二十四年（1819 年），升任云南曲寻中军部都司（正四品武官）（见图 9－2）。清乾隆、嘉庆皇帝先后下了四道圣旨诰封其父母、祖父母、兄嫂等人（圣旨其后裔至今仍保存）。马占元军旅有功，得到朝廷赏识，在滇南地区有一定影响。

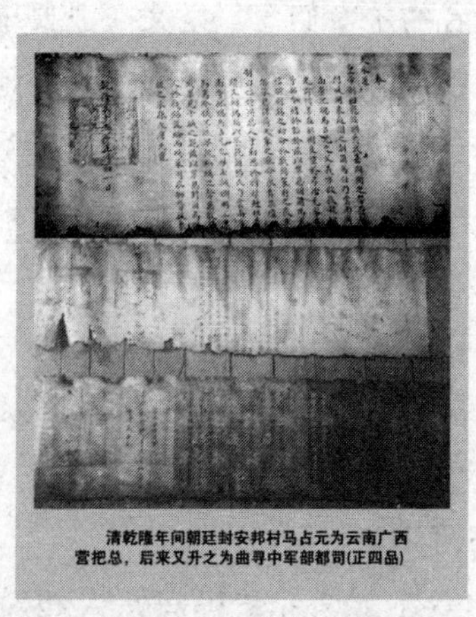
清乾隆年间朝廷封安邦村马占元为云南广西营把总，后来又升之为曲寻中军部都司(正四品)

图 9－2　关于安邦村马占元的史料记载

二　安邦村现代知名华侨介绍

邵金科（1907～1982），汉族，安邦村人，21岁时跟随马帮去老挝经商未归，在老挝川圹侨居30余年，历任老挝川圹华侨理事会理事、老挝川圹华侨协会主席等职。他热爱祖国，热心为华侨服务，带头捐资筹办华人中小学校。1962年任老挝华侨归国观光团副团长，到北京参加国庆观礼，受到党和国家领导人的亲切接见。20世纪70年代，侨居国当局反华排华，邵金科于1981年回国定居，1982年在广西柳州去世。根据其“树高千丈，落叶归根，游世界锦绣，只爱此山家乡月”的遗嘱，1983年，其子将其骨灰盒移回安邦村安葬。

马国泰，安邦村人，1918年生，1937年随马帮出国，定居老挝桑怒省，现年92岁，育有13个子女，分居于加拿大、美国、法国等国家，新中国成立后曾九次回安邦村探亲。马国泰创作了10万多字的思念祖国、家乡及亲人的诗词、散文，先后寄回红河县侨联3万多字，分别刊载于《中华侨报》、《侨乡红河》等刊物上。图9－3为调研人员采访安邦村华侨马国泰的族人马瑞峰老人。

图9－3　调研人员采访安邦华侨马国泰的族人马瑞峰老人

第十章　禁忌习俗

红河县安邦村人在长期的发展过程中，在与大自然的长期抗争中，在马帮长途商业贸易过程中，在与周边哈尼族、彝族、傣族、瑶族等少数民族人民和睦相处的历史过程中，形成了许多崇拜和遵循的禁忌习俗。这些习俗涉及红河县安邦村民生产生活、恋爱婚姻、节日礼仪等各个方面。

红河县安邦村民主要居住在云南红河南部山区，在长期的发展过程中，他们吸纳了许多风格独特的民族文化和生活习俗；同时，在与自然界的长期搏斗中，由于对那些天灾人祸等不可抗拒的灾难的恐惧和想驾驭这些神圣魔力的愿望，形成了许多深受安邦村民崇拜和遵行的禁忌习俗。这些禁忌习俗在安邦人的心目中俨然成为神圣不可侵犯的东西。事实上，它既包括生活习俗，又包括宗教信仰中的内容。因此，安邦村禁忌习俗的延续和存在，充分展示了安邦人社会生活的丰富内涵和协调各种社会关系的无穷力量。

第一节　禁忌习俗的内容

经过调研，我们了解到安邦人的诸多禁忌（见图 10 - 1），分类如下。

图 10－1　调研人员对村民进行访谈

一　马帮商贸类

不能端碗泡汤，否则会被赶马人骂，因为这可能导致走路的时候翻驮子。

马帮开饭时，舀罗锅饭时忌先舀中间，要顺着罗锅边，边平刮边平舀。

马帮行进路上遇到大蛇挡路，禁止沿路再前进，马帮必须绕道而行，或者退回，另选日子再出发，以防（蛇）灾害发生，危害人畜。

马帮外出遇上任何自然生长的东西，就归第一个发现者所有，其他人就再也不会去争夺。

马帮内部忌用刀、枪、棍等凶器指人，以免发生危险。

马帮青年一向有自由恋爱的传统。

每年秋冬季节马帮回来时，此日就为这个家庭或家族的庆贺日。一般是亲朋好友参加，禁止外人参与。

马帮出发之前，一般要集体生活一天，以便检查所带的生活用品、物资等物品是否齐全。

马帮什么时间出发和具体路线，由总老板决定，其他人不得过问。

马帮合用的水烟筒，哪个抽到最后就由哪个带着。

马帮晚上宿营时，扛枪人和老板就分开同睡在一个帐篷里，中间用帖布隔平，赶马人睡在驮子的凹面的中间。

马帮负责伙食的人出去买米买菜的时候必须坚持公平交易的原则，不能因为自己背上扛着枪支就欺负买卖人，否则，将会受到马帮的严惩。

马帮分饭时，赶马人将饭菜端走后，扛枪人才去端饭菜，最后剩下的饭菜才是老板们的。

二　生活类

安邦人的禁忌习俗中，包括许多日常生活中“不能做什么”、“能做什么”、“怎样去做”等一些禁忌习俗。

安邦媳妇忌与公公、叔伯、舅舅等长辈同桌吃饭，否则会被认为不懂礼貌。

安邦人每家每户的住房的正堂屋都有祭祀祖先、灶君、财神的供桌。

父母去世后，兄弟分家时一般好一点的房子和田地都要给长子，其他人不会有什么意见。

安邦人具有热情好客的性格，每逢亲朋好友来家做客或逢年过节都要杀猪或者杀鸡来招待和庆贺。

安邦人家里每打一个新灶都要祭献灶神。

每到早春二月，安邦人住房里燕子颇多，他们认为燕子是吉鸟，有燕子在屋檐做窝是吉兆。因此，忌伤害燕子，他们认为若捣毁燕窝或伤害燕子就会倒霉、生怪病。

忌站在门槛边不出也不进。不能让孩子在门槛上砍柴或砍门槛，也不能让孩子坐在门槛上，否则以后会生歪嘴的子孙。

舀饭时忌先舀中间，要顺着甑子，边平刮边平舀。

忌用筷子、勺子、扫把这些东西打小孩。

小孩忌骑猪玩耍，否则他长大以后结婚时会下雨。

太阳落山后，安邦人家里忌扫地、倒垃圾。白天睡觉的小孩也必须在太阳落山之前叫醒，否则会认为压着太阳就难叫醒了。

安邦未婚男子忌使用有缺口的碗具，否则会生缺口的小孩。

安邦人家里吃饭时严禁在盛满饭、菜的碗里插上筷子，也忌将空碗、空杯倒扣放置在桌上。

逢年过节或清早起来忌讳说一些不吉利的话，如“死”、“没有”、“空”等。

孩子忌吃鸡脚，以防止其将来写字像鸡爪子；孩子忌吃鸡心和没有见到天的鸡卵（蛋），以防止其将来长大成人后没有记性。

喝汤时忌讳直接拿勺就着汤碗喝，只能舀到自己的小碗里喝。

忌在屋里煮蛇肉，安邦人认为锅烟子（锅底灰）掉蛇汤里会毒死人。

安邦人素有买卖公平的优良传统和风尚，忌缺斤短两。他们认为秤是称命的，缺斤短两会导致短命。

忌将小孩吃剩的饭直接倒掉，若不得不倒掉也要大人随便吃一口才能倒，表明没有浪费。

忌学结巴说话及学拐脚走路，否则就认为类似的灾难会降到自己的头上。

三　生产类

侨村安邦人是从事山地农耕、马帮商业贸易和手工业等的综合群体，以其无穷的智慧和胆略创造了灿烂的边疆的农耕文化、马帮商业贸易和手工业等文化，涉及生产方面的禁忌也浩繁多样。一年365天有很多天是忌日，这些忌日有的是全村人共同的忌日，有的是一个或几个家族的忌日，而有的则是一大户人家的忌日。

遇到土匪来抢劫村寨时，全村禁止生产劳动，禁止不速之客来访和马帮集体出村。

逢年过节禁止生产劳动，否则认为该人或该家庭全年都是苦命的，等等。

也有一些是生产上表现侨村安邦人传统美德和风格的禁忌，以下介绍几条。

安邦人在山上遇上任何自然生长的东西，就归第一个发现者所有，其他人就再也不会去争夺。

如果谁在山上找到一棵好木材，他只要砍倒这棵树，那么这棵树也就归他所有，其他人不会再争抢。

当他们在山上寻到一块肥沃的土地时，开垦后即归其所有，其他来看者也就自然会离去。

四　礼仪类

侨村安邦人非常懂得礼貌，尤其对长者，走路要让长者先行，说话要让长者先说，座位要让长者先坐，对长者说话皆用敬语。对幼小者说话也很少直呼其名，通常以

“阿妹”、“阿弟”、“XX家小娃”等来称呼，表示亲近和爱护。同时，安邦人心地善良，怜悯弱者，对老、弱、病、残者尽力给予帮助，真正体现一方有难、八方支援的精神。对上门求助者，必施舍一定的食品。忌讳幸灾乐祸的不道德行为。在这方面也有许多禁忌来规范，这些禁忌的延续对后辈的教育起到了积极的导向作用。

家里有公公、叔伯、舅舅等长辈男子在楼下堂屋时，儿媳妇和小娃忌上家里的楼顶，若在他们进门之前上去的，只能不出声地悄悄下来。

妇女在长辈尤其在老人面前忌披头散发，否则会被认为是不礼貌的行为，会受到老人的指责。

妻子忌直呼丈夫之名，丈夫亦忌直呼妻子之名。未生小孩时在兄弟姐妹面前只称“你哥”、“你嫂”，或用眼神、动作等来表达。待有了自己的儿女之后，则以“××他爸”、“××他妈”来互相称呼。

后辈忌在长辈面前披衣服，也不允许在寨子里披衣服游玩。逢年过节，小辈不能先吃，一定要等长辈先说一些祝福的话，且先吃一口以后，才能吃。

忌小辈拍大人的肩膀或摸头，否则会被认为是对长者的不尊重。

忌在人前吐唾沫。

忌在父母等长辈面前谈情说爱或说脏话粗话。

忌在家里（或寨子里）唱情歌，吹口哨。

老幼两辈人在一起时，年幼者忌跷二郎腿。

小辈接受长辈礼品等东西时，必须双手接过。小辈递东西给长辈时也必须双手奉上。

在众人面前（尤其在长辈面前）忌讳放屁，更不能放屁出声，否则会被指责为没有教养，不懂礼貌。

远方的客人在堂屋拜访时，不能扫地，否则是对客人不尊重。

家里的亲朋好友起身告别时，不能即刻扫地，否则是对客人不尊重。

妇女不能把衣物挂晒在有男人经过的地方，否则会被认为不尊重男子。男子更不能从其下通过。

五　婚姻类

侨村安邦人一般以汉族人的传统婚姻方式为主流，实行一夫一妻的家族外婚制，严禁同宗婚配，奉行“父母之命，媒妁之言”，早恋早婚，新中国成立前婚龄一般在12～18岁之间，禁止三代以内的近亲结婚，同时一些婚姻风俗也吸纳周边民族的部分观念和方式，马帮青年一向有自由恋爱的传统。

婚姻上汉族男子到结婚年龄时，一般由其父母请媒人向女方家庭提婚，送聘金聘礼…… 直到成婚为止。

也有青年男女双方经过交往有意组成家庭的，许下终身时，由男方家请媒人向女方家提亲，双方通过卜卦生辰八字，若没有什么特殊情况，则可择日成亲。若双方通过卜卦认为两人相克、相冲或者有悖于双方家庭或者后代的，则禁止成婚。

在长期的婚嫁过程中，侨村安邦形成了其独特的婚俗和禁忌。

男女青年定了亲还未讨娶期间，特别忌讳双方亲人死亡。一旦有亲人死去，则人们会认为这门亲事不吉祥，所以侨村安邦民众中往往有在亲人病危中抢办婚事的现象，同时，认为这种“冲喜”也会使病危中的亲人“转危为安”。

汉族男子娶汉族女子时，出嫁女子一般不允许哭泣，否则今后的婚姻生活可能会不幸。但汉族男子娶哈尼族或者彝族女子时，尊重该民族的习俗，允许出嫁女子哭嫁，新娘在离别父母时要哭唱《哭嫁歌》，离开娘家时可由亲人（兄长或者弟弟）背着哭泣的新娘走到自家门外或者寨子外。也可在女伴的簇拥下，新娘边走边哭，出寨门哭声方止，再由汉族新郎的迎亲队伍接回。

忌三代以内的近亲结婚。

六　生育类

在新中国成立前和成立后未实行计划生育以前，侨村安邦人和其他许多民族人民一样没有生育的控制。所以，一家有四五个、七八个甚至十个以上小孩也是常有的事。安邦人非常重视生育繁衍后代，因此，在这方面也有许多禁忌习俗。

在实行计划生育以前，安邦人家头两个或三个生出来的都是女儿的话，就修筑一条路，或在某条路上选一处合适的地方搭一座桥，使众人过路方便，以此积公德，希望以桥引出儿子来。现如今也有人采用多种方法来积公德以祈盼能生儿子。

安邦媳妇生小孩的地点一般在孕妇的卧室里，或在长辈男子不经过的地方。一般都由家族中有接生经验的年长妇女接生，或者请村子里大家公认的“接生婆”接生。

已出嫁的女儿忌回娘家生小孩，若有特殊情况回娘家生的也只能在家外附近租房子住。

孕妇及其丈夫忌参与别人家的婚丧活动。妻子怀孕期间，丈夫在外忌爬树，骑牛、马等家畜，也不能外出捕鱼。

孕妇临产前，忌食生姜、鸭子、酱油等食品，人们认为孕妇吃了生姜会生多指头的孩子，吃鸭子后生下的孩子会摇头，吃了酱油孩子皮肤会变黑。

媳妇在坐月子期间，屋子要注意保暖，床铺要搭成斜坡形，头高脚低。睡觉时就像斜靠在床上似的，这样便于排出体内的脏物，容易恢复体力。

婴儿出生以后需向外公外婆报喜。由女婿抱一只鸡到外公家报喜。生女孩抱母鸡，生男孩抱公鸡。无需说明生男生女，一看鸡便知道。

某户人家妇女刚生小孩时，在未满月期间，就会在大门边挂上一条黄泡枝等，或在大门头上挂上一面镜子，以避邪驱恶。懂得其含义的人，见到这些就不会再进其家门了。

产妇未满月前，忌到其他人家走动。

安邦人命名有一定原则。每个人都要有一个正名，即以父系家谱排名方式取的名字。后辈人的名字，不得与前辈人的名字相同。

安邦人忌讳别人过分夸奖自己的孩子，认为这样反倒对小孩不利。

忌讳让不生育或虽生育但养不活孩子的妇女抱自己的孩子。

婴儿或幼儿背出村寨时，额头上要擦点锅烟子或鞋底灰，表示孩子肮脏，鬼神就不敢要了。

七　丧葬类

侨村安邦人普遍信仰以万物有灵为核心的原始宗教，自然崇拜、祖先崇拜和灵魂观念构成其信仰的主要内容。他们认为天、地、山、水、风、雷、雨、电、地震、日食、月食、冰雹和人类自身的生老病死现象为神灵所主宰，一年间固定的宗教祭祀活动主要有祭天神、祭地神、祭山神、祭灶神、祭财神、祭祖先神等。

在侨村安邦人的心目中丧葬也是一件极为严肃和隆重的事，一般都是土葬。安邦人认为，如果死在正月初三那附近几天会不吉利。所有葬礼都必须通过占卜死人的生辰八字和具体去世的日子择日进行。这方面的禁忌也很多。

以前，安邦人开沟凿渠、兴修道路、开发资源等生产实践活动以及兴建新居、迎娶嫁往、治丧葬礼等活动均被看做是全村公共事务，由大家共同承担义务。现今有些活动如开沟凿渠、兴建新居等在有的地方已逐渐成为各家的私事了，最多也只有自己的亲戚朋友或付工钱请工参与。但至今未变的还有治丧活动。若谁家老人去世了，不用特意召集，除特殊情况外，每家都会有一个劳力自觉来参与，且不计报酬。现在，因外人移民进来较多，一般都由丧家发帖子或者专人通知，大多是亲朋好友来参加。

安邦人不允许别的寨子抬死人时经过自己寨子，也不允许其埋葬在被认为与本寨子相克的地方。

一般亲人去世后一个月内，家人不得梳头、理发、剃胡子。以后也尽量避免在亲人去世的忌日去理发。

埋葬死人时要有口含（金、银、玉等）或者其他的物品同葬，陪葬物品视其家庭富有程度而有差别。

参与送葬的人，送完葬回家时忌回头观望，在简单的清洗之后，才能进自家门，否则认为死者的灵魂会被带回家。

听到亲朋好友去世的消息后，一般要及时赶到亲朋好友家中表示祭献。

八　节日类

侨村安邦人也有许多隆重而喜庆的节日。这些节日，有的是整个村寨的节日，有的是一家人的节日。其中最隆重的由全村统一庆祝的节日有四个：一是每年农历正月春节（7天的时间）；二是每年农历四月的清明节，用3～7天不等的时间举行祭祀祖先活动；三是每年农历七月半，用几天不等的时间举行祭祀祖先活动；四是每年的中秋节，全家大团圆。还有一些节日是一家人自己过的，比如每年秋冬季节马帮回来时，这个家庭或家族庆贺节日，一般是亲朋好友参加，禁止外人参与；这些节日中都严禁生产劳动。

这些是安邦人禁忌的主要类型。除此之外，一些信仰佛教的人要忌食荤菜等。安邦人的禁忌繁多，一旦触犯了禁忌，就要请人念经消灾。

第二节　禁忌习俗的特点和功能

红河县侨村安邦人的诸多禁忌的特点如下。

一　特点

（1）在长期的历史发展过程中，各民族相互学习，相互影响，致使其禁忌有不少相似之处。如汉、彝、哈尼、傣等民族过年时都忌讳说“死”、“没有”、“穷”等一些不吉利的话，忌讳过分夸奖小孩，等等。

(2) 侨村安邦人深受长期与自然界抗争的影响，大部分禁忌来源于对山区经常发生的风、雨、雷、电、冰雹、霜、雪、山洪等无法理解和战胜的自然现象、灾害以及瘟疫疾病的恐惧和驾驭的愿望。

(3) 保护自然环境，保持生态平衡。例如，忌砍村寨周围的树林，忌伤害燕子等，这些都对保护自然环境、保持生态平衡有积极的意义。

(4) 部分禁忌反映了安邦人的美好理想和共同愿望。侨乡人勤劳勇敢、追求幸福生活，热切盼望人间平等、团结、美满的心理特点在禁忌中都一再有体现。

(5) 众多忌讳是要求人们生活“循规蹈矩”和思想统一的意识体现。禁忌最基本的东西都包含着人们对美好事物的向往和对丑恶事物的忌讳，这与要求人们生活“循规蹈矩”和思想统一是一致的。

(6) 红河县侨乡人禁忌种类齐全、名目繁多，涉及马帮商贸、生产、生活、爱情、婚姻、为人处世等各方面。

二　功能

红河县侨村安邦人的诸多禁忌的功能如下。

(1) 具有法律的警示、扼制、保护功能。无论哪类禁忌，都在提醒人们从事生产劳动、婚姻丧葬、祭祀仪式时必须小心行事，千万不能乱来。它就像一个危险的符号随时指导人们的行动模式，警戒人们采取禁止、回避的方式，尽量不与某些危险的事物相冲突或者发生接触，要适当作

妥协、让步，否则将导致灾难，遭受报应和惩罚。

（2）具有法律的惩罚功能。各种被禁止的行为向人们设置了无数警戒线，虽然没有任何形式和公告，却没有人可以逃脱它；如有违反，就必须付出代价，遭到惩罚。

（3）具有法律的社会协调、整合功能。禁忌作为一种较低级的社会控制形式，是一种约束面最广的社会行为规范。从吃穿住行到心理活动，从行为到语言，人们都自觉地遵从禁忌的命令。禁忌像一只看不见的手，暗中支配着人们的行为，起着一种社会协调、整合的功能作用，从而有助于安邦人社会关系以及社会秩序的建立和延续。

（4）具有调整人和社会的关系，维护公共秩序和社会秩序、保障私有财产不受侵犯的功能。如忌近亲结婚、忌用凶器指人、忌坐门槛、忌在屋里煮蛇肉等等。禁忌明确将人的行为划分为应当做的和不应当做的两类，从而在一个群体中建立起一定的秩序，使人们有规可循，有规必依，违规必究。

（5）具有严肃两性道德规范和促进优生的功能。如男女之间、翁媳之间的禁忌。

（6）具有调整人与人之间民事关系的功能。如忌缺斤短两等。

（7）具有传播和延续生活经验和生产知识的功能。如出于教育孩子的目的而产生的禁忌，有助于孩子们在这种带有强制性的训谕中逐渐懂得为人处世的道理。禁忌在其发展的初期，并不仅仅是纯粹的迷信活动，它更多地包含着先民们在漫长的岁月中所取得的生活、生产经验，以及对自然界和人类生命的初步认识。

除此之外，它还具有保护安邦人的集体利益，促进安邦人与周边少数民族人民和谐相处，保持和维护侨村安邦马帮与沿途各国各族人民和平相处，互通有无，彼此尊重对方的民族传统文化等一些功能。

总之，我们要以历史唯物主义和辩证唯物主义的观点去分析和研究禁忌习俗，去其糟粕，肯定其积极作用，更好地促进民族地区的精神文明建设。红河县侨村安邦人自古以来就是一个不断追求文明的多元民族的结合体，千百年来安邦人一直保持良好的道德风尚和行为规范。例如孝敬父母、尊敬长辈、亲邻助友、勿作侵害、办事公道等等。这些风尚和规范，很自然地形成一种深刻的思想内涵，融进禁忌习俗之中。它是红河县侨村安邦人政治、经济和文化生活的一种反映，同时又反过来对他们的社会、经济和文化生活产生一定的影响。但是，一个民族的风俗习惯和禁忌不是一成不变的，它们随着社会的进步和历史的发展，以及各民族的相互影响而不断发生变化。随着安邦村社会经济的发展和科学文化水平的提高，其禁忌习俗也会发生变化。这种变化趋势肯定会向着科学、文明、进步和社会道德规范化的方向发展，而某些不利于社会生产发展，有碍于人民群众正常生活的禁忌活动，也将逐步消失。

后 记

本书是红河学院何作庆教授主持的四个村寨调查点的成果之一，主要由王谦、何作庆、黄明生、张虹等人完成调研并撰写初稿，王谦撰写了第一、二、三、七章初稿，黄明生撰写了第五、六、九章初稿，何作庆撰写了第八、十章初稿，张虹撰写了第四章初稿，全书由何作庆教授统稿，并对部分章节补充了相应的材料，最后由何作庆教授定稿。

云南省红河县安邦村陆疆侨乡文化是多元文化的“聚宝盆”、“文化沉积带”、“历史文化冰箱”，体现在：内地汉儒文化与边疆彝族、傣族、哈尼族等多民族文化，马帮商贸文化与国外沿途原住民族文化等的交汇、碰撞、沉积和沉淀，生物多样性突出，社会和谐，是充分体现中华民族多元化的实例见证。

红河学院有志于中国陆疆侨乡名村——红河县安邦村文化研究的调研小组，在接受中国社科院中国边疆史地研究中心的调研任务以后，在云南省片区负责人——云南大学方铁教授的指导下，认真完成了调研，撰写了《陆疆侨乡名村——云南省红河州红河县迤萨镇跑马路社区安邦村调查报告》。同时，该书稿是国家级项目“中国陆疆侨乡文化研究”（06XMI038）的阶段性成果。本书作者力图从科学发展观出发，总结半个多世纪以来，尤其是改革开放以来的红河县安邦村政治、社会、经济、民族、宗教、文化等的变迁，突出其陆疆侨乡和谐名村的特点，探讨未来，起到资政、育人、团结、和谐的作用。同时，它对与时俱进地探索和处理好当前我国新时期西部边疆建设中的基层侨务问题，增强中华民族的凝聚力，有着重要的理论意义和现实意义。它也能进一步增进国内外各民族的平等、团结、互助、友爱、和谐的新型关系；坚持在党的领导下，遵循党在21世纪新时期制定的总的理论、纲领、路线、方针、政策，遵循党制定的关于侨务问题的相关理论、纲领、路线、方针、政策，维护祖国的统一和团结；在西部边疆农村社会建设中，为促进和逐步达到国内外各民族共同进步、共同繁荣、共同富裕而努力奋斗。

谨以本书献给成立六十周年的中华人民共和国，以及那些长期关注、支持和从事华人华侨研究的人，他们使这门学科不断发展和完善。我们要感谢中国社科院中国边疆史地研究中心、云南大学西南边疆少数民族研究中心等单位的领导和同志们，在他们的关心、支持和帮助下，该项目的调研、撰写和出版工作得以顺利进行。我们也要感谢红河县县委、人大、人民政府和政协等单位及其所属各部门的领导和同志们。调研小组尤其得到了红河县侨联、县侨办、迤萨镇政府及跑马路社区的积极配合与支持，张尧邦、祝金荣、白琳、马永林等全程陪同调研，他们长期以来对我们的调研给予了诸多的关怀和支持。借此机会向一切帮助和支持过我们调研的领导、教师、朋友、学生、村民等等，一并表示谢忱。

我们要感谢红河学院及其下属的人文学院（原红河流

域社会发展研究中心）、科技处等单位的领导和教师及其他人所给予我们的鼓励和支持。

我们还要感谢红河县安邦村给予我们的积极的理解与支持，他们对调研组成员给予了热情的接待，作了详细介绍、讲解，并给调研组成员参观安邦村等地提供了各种方便；部分侨民或眷属提供了自己的家谱等资料供调研小组研究；华人华侨家庭的老人及其眷属向调研小组成员讲述了家人的基本情况。

我们也要感谢云南大学的方铁教授、中国社科院中国边疆史地研究中心的翟国强副研究员，他们多次仔细审阅书稿，提出了许多有益的修改建议，使我们能够不断修改、完善本书。

我们也要感谢社会科学文献出版社的领导、专家学者和相关工作人员付出的辛勤劳动，他们的关心、帮助和支持最终使这一成果能够面世。

最后，尤其要感谢的是课题组成员的家属们，他们为支持调研小组的调研和撰写本书作出了许多牺牲，我相信他们的支持和爱是课题组人员终身难以忘怀的。

由于作者才疏学浅和资料条件限制，本书不足和错误之处在所难免，恳请学界各位同仁及读者不吝赐教。

何作庆

2009 年 6 月 19 日

图书在版编目（CIP）数据

陆疆侨乡名村：云南省红河州红河县迤萨镇跑马路社区安邦村调查报告/王谦，何作庆，黄明生著．—北京：社会科学文献出版社，2010.5

（当代中国边疆·民族地区典型百村调查／厉声主编．云南卷．第1辑）

ISBN 978－7－5097－1268－9

Ⅰ．①陆…　Ⅱ．①王…　②何…　③黄…　Ⅲ．①乡村－社会调查－调查报告－红河县　Ⅳ．①D668

中国版本图书馆CIP数据核字（2010）第036428号

当代中国边疆·民族地区典型百村调查：云南卷（第一辑）

陆疆侨乡名村

——云南省红河州红河县迤萨镇跑马路社区安邦村调查报告

著　　者／王　谦　何作庆　黄明生

出 版 人／谢寿光
总 编 辑／邹东涛
出 版 者／社会科学文献出版社
地　　址／北京市西城区北三环中路甲29号院3号楼华龙大厦
邮政编码／100029
网　　址／http：//www.ssap.com.cn
网站支持／（010）59367077
责任部门／编译中心（010）59367139
电子信箱／bianyibu@ssap.cn
项目经理／祝得彬
责任编辑／陶盈竹
责任校对／孔　军
责任印制／蔡　静　董　然　米　扬

总 经 销／社会科学文献出版社发行部
（010）59367080　59367097
经　　销／各地书店
读者服务／读者服务中心（010）59367028
排　　版／北京宝蕾元科技发展有限公司
印　　刷／北京美通印刷有限公司

开　　本／889mm×1194mm　1/32
印　　张／7.625　插图印张／0.25
字　　数／169千字
版　　次／2010年5月第1版
印　　次／2010年5月第1次印刷

书　　号／ISBN 978－7－5097－1268－9
定　　价／138.00元（共4册）

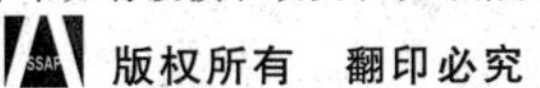